EDUCATION

한국 교육 어디에 서 있나?

교육 선진화를 꿈꾸며

이군현 외 공저

학지사

✻ 머리말

특별한 운명과의 만남

지난 삶을 돌이켜 보면, 필자의 인생은 '교육'이라는 단어를 빼놓고는 이야기할 수 없을 정도로 교육계와 특별한 인연을 맺어왔다.

필자는 가난한 집안사정으로 인해 초등학교를 졸업한 후, 4년 동안 청계천에서 소년직공 시절을 거쳐 검정고시로 상고에 진학했다. 대학을 졸업하고는 일선 학교현장에서 중 · 고등학교 교사로 교직경험을 쌓다가, 미국에 유학하여 교육행정 전공으로 석 · 박사 학위를 취득했다.

귀국 후에는 국책연구기관인 한국교육개발원의 교육정책 연구실장과 카이스트(KAIST) 교수, 중앙대 교수, 그리고 대한민국 교원들의 대표단체인 한국교총 회장으로 일했다. 2004년부터는 17대 국회의원으로 정치에 입문하여 국회 교육위원으로서 대한민국의 교육 정책을 다루어 오고 있다. 이처럼 한국 교육계의 구석구석을 두루 체험하며 살아온 내 삶을 나는 특별한 운명과의 만남으로 이해하고 있다.

게다가, 필자는 오랫동안 한국의 교육현장에서 국가 교육 정책을 연구하고 가르쳐 오면서 우리의 교육을 보다 선진화된 교육으로 발전시키기 위한 과업을 숙명적으로 부여받았다고 생각해왔다. 이번에 한국 교육의 절박한 현실을 진단해 보고, 그 문제점에 대한 개선책을 종합적으로 제의하는 것도, 교육정책 전문가로서의 사명감과 국회의원으로서의 책임의식이 늘 있어 왔기 때문이다.

그런 뜻에서 이 책은 우리 교육에 대한 필자의 사명감과 책임의식의 소산이라고 할 수 있다. 그리고 보다 선진화된 교육을 통해서 우리의 인재들이 세계를 이끄는 지도자로 성장할 수 있도록 키워보고 싶은 교육철학의 산물이기도 하다. '교육 선진화를 꿈꾸며'라는 책 제목도 이러한 필자의 간절한 염원과 신념에서 나온 것이다. 이 책을 쓰는 내내, 대한민국의 교육철학과 정책은 학생 개개인의 다양한 잠재 능력을 존중해 주고, 도전정신을 일깨우고 그들의 능력이 최대로 발휘될 수 있도록 도와주는 것이어야 한다는 평소의 소신을 다시 한번 확인하게 되었다.

또한 이 책은 대한민국의 교육을 걱정하는 수많은 교육 동지들의 공동노력의 결실이다. 여러 교육전문가들을 비롯한 기업 임원, 국내 유명 연구소의 연구원, 일선 학교의 교장, 교사, 학부모 등 각계각층의 의견을 적극적으로 수렴했기 때문이다. 그리고 17대 국회 교육위원으로서 그동안의 수많은 토론회와 공청회, 청문회, 대정부 질문, 국회 교육위원회 등의 활동을 통해 얻어진 고뇌의 축적물이기도 하다.

이 책은 다음과 같은 몇 단계의 집필 과정을 거쳤다.

우선, 그동안 지속적으로 연구해 오던 한국 교육의 핵심 현안들을 분야별로 선정하여 교육전문가들과 의견을 나누었다. 그리고 수차례의 회의와 토론과정을 거쳐 집필 방향과 주제를 확정한 후, 필자의 기본 입장을 바탕으로 분야별 전문가들이 정책 개선을 위한 아이디어와 자료를 제공하고, 초안을 직접 작성하기도 했다. 이렇게 탄생한 초고는 다시 전문가들과의 몇 차례 토론과 검토과정을 거쳐 책으로 완성되었다. 이러한 복잡한 집필과정은 우리나라의 교육 현안을 보다 정확하고 깊이 있게 전문적으로 진단하고, 그에 따른 객관적인 개선책을 마련하기 위한 조처라고 할 수 있다.

필자는 이 책을 출간하면서 운명에 대한 새로운 깨달음을 얻었다. 그것은 필자의 운명이 일찍이 교육을 통해 열렸듯이, 그리고 일생 동안 교육 문제에 사로잡혀 살아왔듯이, 남은 생애 또한 한국 교육의 선진화를 위해 봉사해야 한다는 사실이다.

책의 구성에 대하여...

이 책은 크게 4부로 구성되어 있다.

제1부 '기회를 극대화할 수 있는 교육'에서는 보다 많은 학생들에게 교육을 받을 수 있는 기회 제공과 그에 따른 제도 개선의 문제를 유아교육, 평생학습, 특수교육, 영재교육으로 나누어 다루었다.

유아교육 부문에서는 최근 세계 선진국들의 유아교육 동향을 살펴본 후, 한국의 유아교육 선진화 방안에 대하여 논의했다. 평생학습 부문에서는 국민 개개인의 삶의 질 향상과 국가경쟁력 차원에서의 평생학습의 필요성과 개선방안을 제시했다. 또한 금년 4월, 장애인에 대한 교육적 지원을 확대한 '장애인 등에 대한 특수교육법'이 국회에서 통과됨에 따라 특수교육지원을 위한 몇 가지 과제를 제안했다. 영재교육 부문에서는 양적, 질적 측면에서의 한국 영재교육의 취약점을 진단하고, 영재교육의 국가적 체제 구축과 영재교육 담당교원의 전문성 확보 방안을 다루었다.

제2부 '자율성과 다양성이 추구되는 교육'에서는 교육경쟁력을 높이기 위한 필수요건인 자율성과 다양성을 중심으로 학교선택권, 대학의 학생선발권, 사학의 발전방향 등에 대하여 다루었다.

학교선택권의 확대 부분에 대해서는 1974년 이래 교육 정책에 지대한 영향을 미친 고교평준화 정책에 관하여 살펴보고, 고교평준화의 큰 틀을 유지하면서 학생과 학부모가 원하는 학교를 자유롭게 선택할 수 있는 방안에 대하여 제안했다. 대학의 학생선발권 부분에서는 기본적으로 대학에 자율로 맡겨야 되는 논리와 이유를 설명하고, 최근 이슈로 떠오른 삼불(三不) 정책에 대한 의견을 피력했다. 한국의 학교교육에서 큰 비중을 차지하고 있는 사학에 대해서는 자율성, 공공성, 전문성 및 효율성 측면에서 발전 방향과 개선안을 살펴보았다.

제3부 '자율과 경쟁의 원리가 존중되는 교육'에서는 '공교육의 붕괴'로까지 일컬어지고 있는 공교육의 심각한 현황을 살펴보고, 그에 따른 내실화 방안을 제시했다.

또한 공교육 내실화와 함께 사교육비 경감대책의 하나로 국가적 차원의 e-러닝 서비스를 제공하는 방안을 제안했다. 그리고 교육개혁을 추진하는 데 있어서 핵심적인 역할을 담당해야 하는 교원의 전문성 제고방안에 대해서도 비교적 자세하게 다루었다. 직업교육에서는 지식정보시대에 부응하는 인재 양성을 위해 실업고와 전문대학을 중심으로 한 제도 개선 방향에 대하여 논하였다. 마지막으로 글로벌 경쟁시대에 세계의 명문대학들과 무한경쟁을 벌이며, 국가발전을 이끌어 나아가야 할 국내 대학들의 경쟁력 제고방안을 제시했다.

제4부 '행정적 지원 체제가 뒷받침되는 교육'에서는 아직도 국제 수준에 비해 미흡한 학교 여건의 실태를 진단하고, 그동안 지적되어 왔던 학력격차를 해소하기 위한 방안을 살펴보았다. 이를 위해, 학교 정보 및 학력 정보가 국민에게 공개되고 정확한 실태가 파악되어야 함을 주장했다. 그와 함께 저소득층 밀집지역, 학력 저하 학교에 대한 우수교원 배치 등 비선호 학교에 대한 지원 정책이 우선적으로 시행되어야 함을 제안했다. 또한 교육에 대한 학부모와 지역주민의 다양한 요구를 반영하고 충족시키기 위해, 지역 여건과 단위학교의 특성을

고려한 교육행정 체제의 개선안을 제시했다.

도와주신 분들께 감사하며...

먼저, 이 책이 나오기까지 책 전반에 걸쳐 탁월한 의견을 주시고 아낌없이 도와주신 홍익대 서정화 교수님께 진심으로 고마움을 전한다. 서 교수님은 한국 교육의 현황과 당면과제 및 문제점 분석에서부터 대학의 학생선발 방향과 초 · 중 · 고교의 교육격차와 공교육 내실화 방향, 사학의 육성 정책 방향, 그리고 한국 교육의 전체적인 발전 방향에 대하여 초안을 직접 작성하시거나 훌륭한 의견을 제시해 주셨다.

앞서 언급했듯이 이 책이 나오기까지 초안 작성과 탁월한 의견을 주신 분야별 교육전문가들을 소개하면 다음과 같다. 제1부 '기회를 극대화할 수 있는 교육' 부분에 도움을 주신 중앙대 이원영 교수님, 상지대 최돈민 교수님, 한국재활복지대학 윤점룡 교수님, 단국대 박원희 교수님, 경원대 박경빈 교수님과 제2부 '자율성과 다양성이 추구되는 교육' 부분에 도움을 주신 우석대 최준렬 교수님, 서울여대 배호순 교수님, 경희대 김병찬 교수님, 대한사립중 · 고교교장회 연구소 김용호 박사님, 그리고 제3부 '자율과 경쟁의 원리가 존중되는 교육' 부분에 도움을 주신 상지대 최돈민 교수님, 제4부 '행정적 지원 체제가 뒷받침되는 교육' 부분에 도움을 주신 대구 가톨릭대 정일환 교수님과 한국교원대 유위준 교수님께 깊은 감사를 드린다.

특히, 제3부의 '세계적 수준을 선도하는 대학' 부분에서 한국 대학의 현황과 실태에 필요한 기초 자료를 제공해 주신 고려대 신현석 교수님과 국제화 시대에 걸맞은 대학경쟁력의 제고방안에 대하여 많은 선진국의 시각과 기업의 요구를 제안해 주신 서울대 김신복 부총장님, 한동대 김영길 총장님, KT 윤종록 부사장님, 포항공대 김승환 교수님, 충청대 정종택 전문대학교육협의회 회장님, 대림대학 제갈정웅 이사장님, 삼성경제연구소 이언오 전무님께 깊은 감사를 드린다. 그리고 MIT 교수로 재직하시다 귀국하여, 대학의 경쟁력 제고방안과 한국 대학들이 나아가야 할 방향에 대해 장문의 글을 보내주신 KAIST 서남표 총장님께 특별한 고마움을 표한다.

또한, 바쁜 일정 속에서도 훌륭한 아이디어를 내어주신 KAIST 박상찬 교수님, 전남대 고준 교수님, 한국산업기술평가원 양종수 수석연구원, 서울교육대 김경성 교수님, 한국교육개발원 공은배 박사님과 강남초등학교 김철규 교장선생님께 깊은 감사를 드린다.

마지막으로, 이 책의 출판을 허락해 주신 학지사 김진환 사장님과 책의 편집과 교정은 물론, 책의 충실도를 높이기 위해 수개월 동안 헌신적으로 도와준 의원실의 홍석인 군에게도 깊은 고마움을 전한다.

2007년 6월

대한민국의 진정한 교육 선진화를 꿈꾸며

이군현

✲ 싣는 순서

제 4 부 행정적 지원 체제가 뒷받침되는 교육

✲ 프롤로그

한국 교육 어디에 서 있나

우리의 교육은 해방 이후 60여 년이 지나는 동안 엄청난 양적 확충과 질적 발전을 이룩하였다. 앞으로도 우리의 교육은 많은 변화와 발전을 거듭하게 될 것으로 전망된다. 그러나 불확실한 제반 여건과 상황, 변수들이 도처에 도사리고 있어 낙관적으로 볼 수만은 없는 것 같다. 그렇지만 해방 이후 우리는 수많은 난관과 어려움들을 잘 극복해 왔다. 특히, 교육은 이러한 어려움을 극복하는 데 기댈 수 있는 초석이자 국가 · 사회 발전의 성장 동인이었다. 앞으로도 교육은 여러 가지 산적한 국가적 과제들을 해결하는 데 그 원동력이 되고, 교육의 본래적인 기능 또한 원활하게 수행할 것으로 기대하고 있다. 그러기 위해서는 새로운 교육의 패러다임을 설정하고 전략을 실천해 가야 할 것이다.

여기에서는 우리가 처한 시대적 상황 변화와 길러야 할 인간상, 우리 교육의 실과 허 등을 중심으로 살펴보고자 한다.

우리나라는 정치, 경제, 사회, 문화 등 사회의 여러 방면에 걸쳐 해결해야 할 숱한 과제들을 안고 있다. 세계열강 간의 역학 관계 속에서 남북의 대치상황 아래 민족의 생존 문제를 고민해야 할 처지에 놓여 있다. 뿐만 아니라 지속적 경제 성장을 통해 4만 불 소득 시대로의 진입에 대한 국민적 기대와 요청을 받고 있다. 계층 · 지역 간 격차 해소 및 사회적 통합 그리고 다양한 요구 분출로 삶의 질 향상에 대한 기대 충족에 대한 국민적 열망도 강하게 받고 있다.

이와 같이 급변하는 상황 속에서 우리 사회 전반에 걸쳐 드러나는 특징적인 면면들과 그 시사점을 간추려 보면 다음과 같다.

먼저, 우리 사회는 더욱 급속하게 지식정보화 사회로 진입하고 있다. 글로벌화 · 전지구화 · 개방화 또한 가속적으로 진척되고 있다. 사회가 다원화됨에 따라 사회의 산업구조가 바뀌고 사회구조 내의 조직 · 운영도 전문화되어 기능의 분화가 나타나고 있다. 그리고 빠른 속도로 초고령화 사회로 진입하고 있으며, 삶의 질 향상에 대한 관심이 증대되고 있다. 아울러 지역의 균형발전 및 복지에 대한 관심이 높아지고 있다. 또한 평등의식의 확산과 함께 공동체가 중시되는 참여적 시민사회로 변모되고 있다. 이상과 같은 시대적 흐름과 변화는 새로운 교육 운용의 패러다임을 요청하고 있다.

우선, 다원화 시대에 걸맞게 개개인의 자질과 요구에 부합할 수 있는 교육제도나 내용 및 방법 등을 요청하고 있다. 다양한 교육의 틀을 구축하고 교육프로그램들을 개발하여 제공함으로써 개인의 능력과 창의력을 최대한으로 개발할 수 있도록 해야 무한경쟁시대를 헤쳐 나가고 적극적으로 앞서나갈 수 있다.

그리고 교육 개방화에 대비하여 선진국의 교육기관들과 경쟁할 뿐 아니라 오히려 이들을 넘어서고 앞서나갈 수 있는 경쟁력을 키워야 한다. 그러려면 전문적인 지식과 기술을 습득시키는 한편으로 글로벌 시대에 걸맞은 개방적인 자세와 마음가짐을 길러줄 필요가 있다.

또한, 국제화의 진척은 교원 및 학생의 국제교류라든지 국내 · 외 대학 간의 연구 · 협력 강화를 요청하고 있다. 이에 부응하기 위해서는 외국어 교육, 국제이해 교육 등의 강화는 물론이고 공동체 의식 확립과 성숙한 민주시민으로서의 기본적인 태도 구비가 필요하다. 제반 교육 여건을 국제적인 수준으로 끌어올려야 하는 일과 동시에 교육시장 개방에 따라 선진국의 교육기관이나 사이버교육을 비롯한 각종 교육프로그램이 활발하게 도입될 것에 대비해야 한다.

아울러 평생학습사회로의 전환과 더불어 주 5일제 수업 운영에 맞추어 법정 수업일수나 교과목도 조정하고, 사회교육시설이라든지 다양한 교육프로그램을 운영하여 개발해야 할 필요도 제기되고 있다. 또한 저출산 고령화 사회에 대비하는 교육적 대처방안과 맞벌이 부부나 소외계층의 자녀보호를 위한 지원방안도 요청되고 있다.

지방화 시대 도래에 따라 교육행정 운영에서도 지역의 특수성과 독자성을 살리는 지원활동이 필요하다. 이를 위해서는 학교교육을 더욱 원활하게 지원할 수 있고, 또 교육행정가들로 하여금 다양하고도 복잡한 교육행정 업무를 효율적으로 처리할 수 있을 뿐 아니라 교육 내 ·

외적 여건에 능동적으로 대응할 수 있는 전문 인력의 자질 향상 프로그램을 개발하고 운영할 필요가 있다. 아울러 지역별로 교원을 채용한다든지 보수체계를 달리함으로써 우수한 교원과 행정지원 인력을 유치하려는 경쟁적 노력도 필요하다.

• 길러야 할 인간상

이와 같은 사회 변화와 발전의 맥락 속에서 우리가 길러야 할 인간상 내지 자질은 무엇인가? 그것은 창의적이고, 도덕적이며 주체적인 자세와 능력을 지닌 사람이다.

무엇보다도 창의적인 문제해결 능력과 고차적인 정신 기능을 길러주어야 한다. 여기서 창의적 능력은 무언가를 새롭게 구상할 수 있는 자질을 말한다.

창의적인 사람은, 지적인 면에서 독창성을 가지고 있으며 유연성 있게 사고할 줄 안다. 그리고 미래 지향적이며 끊임없이 문제를 찾고 변화를 추구한다. 또, 무엇을 성취하고 창출하려는 성취동기가 높을 뿐만 아니라 변화에 능동적으로 대처하여 그 변화를 새로운 창조의 계기로 삼는다. 따라서 과거나 현재보다 다가올 미래의 변화에 보다 많은 가치를 부여한다. 지식 · 정보의 기하급수적 폭증으로 새로운 지식을 끊임없이 섭취하지 않으면 안 되는 지식정보화 사회에서 잘 적응하고 상황을 주도해 나갈 수 있는 창의적인 능력 및 태도를 길러주어야 한다.

또한 자주적 인간상이 요청되고 있다. 여기서 자주적 인간은, 뚜렷한 주인의식과 성숙한 자아의식, 자율 및 자립정신이 강한 사람이다. 또, 남에게 의존하지 않고 독립적으로 행동하면서 독자적으로 생각하고 문제를 해결하고, 행동에 있어서 자율적인 규제와 내적인 통제를 하는 사람이다. 이러한 사람은 자기 자신과 자신이 속해 있는 집단의 사회적 역할을 의식하고, 그러한 역할을 떳떳하게 주장할 줄 안다. 자기가 소속되어 있는 집단, 넓게는 민족과 국가에 대해 긍정적으로 생각하는 사람이다. 이들은 사회의 역사적 · 문화적 전통을 존중하면서 새로운 문화도 적극적으로 수용한다. 나아가 자주적인 사람은 나라를 사랑하는 마음이 강하다. 나라를 사랑하는 마음은 국가의식의 핵심을 이루는 것이다. 따라서 국가에 대해 헌신적이고 봉사적인 자세를 지닌다.

그리고, 도덕적이며 공동체 의식을 지닌 인간을 요한다. 즉, 건전한 윤리의식과 민주시민의 자질을 구비한 사람, 협동적인 사람, 그리고 개방적인 사람을 길러야 한다. 이러한 사람은 인간의 존엄성을 인식하고 인격을 존중하는 인간존중 의식, 양심에 따라 행동하고 성실한 삶을 추구하는 정직성과 근면성, 성실하게 맡은 일을 수행하고 그 결과에 대해 책임을 지는 윤리의식을 가지고 있다. 민주시민으로서 지녀야 할 기본적 자질인 준법정신, 질서의식, 협동정신을 가지고 있는 이와 같은 사람들이 많아질 때 그 사회는 민주사회로서의 모습을 갖추게 된다. 그리고 도덕적이고 공동체 의식을 지닌 사람은 정직하고 대인관계에서도 포근한 정감이 있는 관계를 형성한다. 이들은 새롭게 밀려오는 변화에 거부하지 않을 뿐 아니라, 외래의 것은 모두 옳거나 좋다는 사대주의적인 성향을 보이지 않는다. 남의 것 중에서 받아들일 것은 과감히 받아들여 우리의 것으로 소화할 수 있는 개방적인 자세와 태도는 국제화, 글로벌시대에 필요한 자질과 의식이라고 할 수 있다.

그리고 통합적인 관점에서 사회현상과 행위를 바라볼 수 있고, 균형 잡힌 시각을 가지고 사리를 판단하여 의사소통을 할 수 있는 능력이 글로벌시대에 걸맞은 세계시민으로서의 정신과 자질이라고 할 수 있다.

• 우리 교육의 현주소

우리의 교육은 세계적인 교육열을 바탕으로 정부의 적극적인 정책에 힘입어 교육 기회가 크게 확대되었다. 초등학교 의무교육이 정착되었고, 1985년부터 중학교 의무교육이 실시되어 정착단계에 와 있으며, 1974년 이후 추진된 고등학교 평준화 정책으로 중등교육의 보편화가 구현되었다. 2005년 현재 중학교 진학률 99.9%, 고등학교 진학률 99.7%에 달할 정도로 누구나 중등교육을 이수할 정도가 되었고, 고등학교 졸업자의 대학 진학률도 84.2%에 달하고 있어 대중화 단계를 넘어선 지 오래다.

2005년 기준으로 국민의 평균 교육연수가 11.2년에 이르고 있고, 25세 이상 인구의 고졸 이상 학력 구성비가 69.7%에 달하고 있으며(통계청, 2005) 앞으로 국민의 교육연수는 더욱 늘어날 것으로 보인다.

교육의 질적인 측면에서도 여러 차례에 걸친 교육과정 개편을 비롯해 교육의 방법이나 평가 방식에 많은 변화가 있었다. 막대한 재정투자로 지속적인 교육정보화를 추진하여 우리나라 각급 초·중등학교의 정보화 진척 상황은 세계적인 수준에 이르고 있는 것으로 알려져 있다. 게다가 각종 첨단기자재 확충과 학교교육 여건도 크게 개선되고 있다.

아울러, OECD 평균 수준에는 미치지 못하지만 학급당 학생 수를 비롯해서 교원 1인당 학생 수도 많이 줄어들었고, 교사의 수업부담도 줄어들고 있으며 처우수준도 전보다 상대적으로 많이 향상되었다.

특히, 학업성취도 및 학생의 학습성취율이 세계적 수준에 가까이 와 있다. '국제 학생평가 프로그램(PISA)'과 '국제 수학·과학 학습경향(TIMSS)'이 각각 실시한 읽기, 수학·과학능력 테스트라든지 PISA 발표자료를 보면 문제해결력, 수학, 그리고 과학 등이 계속 최상위를 마크하고 있다.

그동안의 교육 발전을 구체적으로 기술, 설명하는 데는 한계가 있지만 우리의 교육은 개인의 자아실현을 돕는 한편으로 다양한 인력을 배출함으로써 정치적, 경제적 측면의 발전을 가져왔다. 아울러 새로운 가치관 형성과 사회적 통합 그리고 문화의 발전에도 많은 기여를 한 것으로 여겨진다.

그러나 이렇듯 화려해 보이는 교육 발전의 이면에는 개선을 요청하는 숱한 문제점들이 산적해 있다. 그래서 교육에 몸담고 있는 교육자들 사이에서 과연 우리의 교육이 최상의 성과를 거두고 있는가에 대한 논란이 많다.

우리 교육의 문제점들을 몇 가지 지적하면 다음과 같다.[1)]

먼저, 획일적인 교육 운영이 상존하고 있다. 이러한 모습은 제도, 내용, 방법, 교원, 시설 · 재정 운용 등 교육 전반에 걸쳐 있다. 이를테면 정부주도의 대학입시를 비롯해서 교과서제도 등이 그러하다. 교육을 지원하고 관리하는 행정 운용 방식이 아직도 집권적이고 획일적인 측면이 많다. 교육프로그램이나 제도 운영이 경직되어 있을 때 창의성과 자율성을 발양하는 교육은 이루어지기 어렵다.

경직된 교육제도 운영의 행태는 고교평준화 시책에서 두드러진다. 1974년 고등학교 평준화제도의 도입은 중등교육의 평등성 구현 및 보편화 추진에는 크게 공헌한 것이 사실이지만, 이로 인해 학교교육의 자율성이 위축되고 경쟁력이 취약해졌다. 무엇보다도 사립학교는 준공립화된 채 정체성과 독자성이 훼손되고 있다. 학생선발권을 비롯해

1) 서정화(2006). 충북교육연구. 충청북도 교육과학연구원, 2006. 12.

서 학사 및 재정 운영권을 자율적으로 행사하지 못하고 있는 것이다.

다원화 사회에서 개인과 집단의 요구가 서로 다르고 다양하지만 아직도 집중적 행정 관행에 익숙하고, 학교교육 체제의 다양화 수준은 학부모 · 국민의 기대에 미치지 못하고 있다. 또한 지역 및 단위학교의 특성을 살린 차별적이고 창의적인 교육프로그램 운영이나 지원활동이 취약한 실정이다.

미래학자 앨빈 토플러는 한국의 공교육을 두고 마치 공장과도 같다고 비판한 바 있다. 학교가 공장 근로자들을 생산하기 위한 공장과 같은 기능을 하고 있는 것 같다는 것이다.

또, 교육의 질적 수준을 높이는 데 집중하지 못하고 제도 개선과 인프라 구축에 치중해 학교교육활동에 대한 학부모 · 국민의 기대에는 미치지 못하고 있다. 이렇게 교육에 대한 기대가 충족되지 못하기 때문에 초 · 중등 학생들의 소위 '조기교육 엑서더스'는 계속 증가하고 있다. 우리나라 초 · 중등 학생들의 조기유학자 수가 매년 2만여 명에 이르는데 미국을 비롯해서 캐나다, 호주, 중국, 심지어 동남아로 유학하는 수가 점차 늘어나고 있는 것이다. 외국에서 우리나라로 오는 유학생들은 미미한데 반해 외국으로 조기유학을 떠나는 학생 수가 증가하는 것은 무엇보다도 학교교육에 대한 불만이 주요 원인이라 할 수 있다. 이러한 해외유학으로 연간 50억 불 정도의 유학비가 지출되고 있는 것으로 추정된다.

그리고 교육격차가 상존하고 있다. 저소득 계층이나 낙후지역 학생들의 학업성취는 저조한 것으로 나타나고 있고, 같은 지역 내에 있는 학생들일지라도 학부모의 경제적 수준에 따라, 또 같은 인문계열 학교에서도 학생들의 학력격차가 심한 것으로 보고되고 있다. 이러한 학력차는 취약계층이나 낙후지역 학생들뿐만이 아니다. OECD의 PISA나 국제교육성취도평가협회(IEA)의 TIMSS 발표 결과에서 상위 5%에 해당하는 고등학생들의 학업성취도가 전체 OECD 국가 중 20위권으로 처지고 있는 사실을 보면 우수한 학생들에 대한 교육적인 조치가 취약함을 알 수 있다.

아울러 사교육비의 증가로 인한 계층 간의 위화감 조성을 들 수 있다. 한국교육개발원의 조사 결과에 의하면 2006년 사교육비 총 규모는 18조 원에 이른다.

또한, 교원의 직무의욕 약화를 들 수 있다. 공교육 부실의 주요 원인 중 하나로 교원의 전문성에 대한 국민의 우려가 있는 것 또한 사실이다. "교사가 열정을 가지고 일을 하는가?", "교사로서 자부심을 가지고 교단에 서는가?", "교사의 사기가 높은가?" 등의 질문에 대해 국민의 요구 수준은 매우 높다.

교육 정책의 형성과정에서 관련 집단이나 전문가들의 참여 기회가 부족하였고, 공감대 형성이 미흡하였으며 교육 정책 추진의 일관성 결여도 지적하지 않을 수 없다. 교육은 정권이나 정파를 초월하여 일관성과 지속성을 가지고 추진되어야 한다. 그러나 그동안 입시제도를 비롯한 교육제도 운영이나 교원 정책 등은 지나치게 자주 바뀌게 됨으로써 교육에 대한 신뢰를 떨어뜨리고 있다.

아울러, 교육 관련 집단의 이해 상충 및 갈등이 문제다. 교육이 발전하는 과정에서 갈등과 진통을 겪어온 데다, 우리 사회의 민주화의 흐름과도 궤를 같이 하여 교육 분야에서 숱한 갈등과 대립이 계속되어 왔다. 근자에 뜨거운 감자로 제기되고 있는 교원평가제라든지 교장공모제, 성과급제 등과 관련된 논란이 그 예다. 이러한 대립 양상은 그동안 학교 내에서 뿐만 아니라 교직사회, 그리고 교육 정책 형성과정뿐 아니라 집행과정에서도 계속 제기되어 왔다.

이는 기본적으로 교육에 대한 이해와 가치 갈등에 기인하고 있다. 특히, 자유주의와 공동체주의, 수월성과 평등주의 등의 가치를 놓고 어디에 비중을 두는 것이 바람직한가 하는 이념적 대립에 뿌리를 두고 있는 것이다. 교육 운용에서의 핵심기조가 되는 평등주의와 자유주의 가치를 적절하게 배합해야 함에도 불구하고, 어느 쪽에 우선순위와 무게를 둘 것인가를 놓고 의미 없는 지루한 논쟁이 계속되어 왔다. 문민정부와 국민의 정부에서 추진한 교육개혁에 대해 '신자유주의 교육개혁'으로 매도하는 반 신자유주의 입장이 있는가 하면 교육개혁 추진에서 지나친 시장주의 경쟁과 경제논리를 강조하는 신자유주의가 그것이다.

교육 관련 집단 간의 갈등은 학교 경영층과 교사들 간의 불신, 대립에서 많이 나타났다. 이러한 배경에는 아직도 일부 학교 경영층의 권위적인 학교운영 방식이라든지 투명하고 공정하게 관리하지 못하는 재정 및 인사 관련 비리, 시대적인 변화와 흐름에 부응하지 못하는 지도력 발휘 미흡 등이 깔려 있다.

그리고 일부 교원단체의 투쟁적, 특정 이념 편향적 교육 행태는 문제가 아닐 수 없다. 교원단체활동의 궁극적 목적은 교직사회의 대립과 갈등이 아니라 수업과 교육과정의 질 개선을 통해서 대한민국의 교육의 질을 높이는 데 있다.

끝으로, 교육 여건의 미흡 및 교육 재정의 취약을 들 수 있다. 교육에 대한 국민의 관심이 지대하지만 실질적인 지원과 투자의 우선순위는 뒤처져 있다고 해도 과언이 아니다. 전술한 바와 같이 교육정보화사업 추진, 교육 시설을 비롯한 교육 여건이 많이 개선되었지만 국가재정의 부족에 기인하는 교육 재정의 취약으로 교원의 수업부담이나 교육 여건 및 환경 개선 등의 문제가 아직도 OECD 선진 수준의 교육 여건을 확보하고 있지 못하다. 2006년도에 교육 재정이 우리나라 국내총생산(GDP)의 4.3% 수준에 달할 정도로 교육 재정 투자는 계속 증대되어 왔지만 아직도 선진 수준의 교육 여건 및 인프라 구축에는 턱없이 부족한 실정이다.

제 1 부

기회를 극대화할 수 있는 교육

제1장 나라가 책임지는 유아교육

1. 유아교육 현안 및 문제점

1) 유아교육과 보육의 중복 및 부작용

UN이 1989년 11월 20일 '아동권리협약'을 제정할 때 유아 및 아동들에게 양질의 교육을 제공하기 위해 최선의 노력을 하겠다고 서명을 했음에도 불구하고 우리나라 정부는 유아들의 교육받을 권리를 충분히 보장해 주지 못하고 있는 실정이다. 또 1990년 12월, 영유아보육법 제정당시 보건복지부는 양질의 보육은 차후로 미루고 맞벌이 부부를 위한 비상시국형 보육 정책을 채택했다. 이로 인해 보육은 양적 확대는 했지만 질적 수준은 부모의 기대에 미치지 못하고 있는 실정이다.

우리나라 유아교육의 가장 큰 문제는 동일 연령의 영유아를 교육인적자원부와 여성가족부(2004년 3월 11일 법률 제07186호로 정부조직법이 개편된 후 보육업무가 2004년 6월 12일부터 보건복지부에서 여성부로 이관되었음. 같은 해 9월 여성부는 여성가족부로 개칭되었음)가 중복 관리하고 있어 행·재정적 갈등이 유발되고 국가 재정이 효율적으로 쓰이고 있지 못하다는 점이다. 현재의 체제로는 유아교육은 물론 보육의 질적 발전을 기대하기 어렵고 국가경쟁력도 키우기 어렵다. 게다가 참여정부는 보육위주의 행·재정적 지원은 확대한 반면 정규 학교인 유치원 교육을 위축시켜 세계적 추세에 역행하고 있다.

스웨덴은 100여 연간 0~만 6세 업무를 복지개념으로 보아 후생성에서 관할하다가 1997년부터 교육개념으로 바꾸어 만 1~6세 관할업무를 교육부로 전격 이관하였고, 교육과 복지를 이원화하였던 영국은 1999년부터 0~만 5세 업무를 모두 교육과학성으로 이관하였으며, 만 6세 미만 업무를 복지개념으로 다루었던 노르웨이조차 2006년부터 만 6세 미만 영유아 업무를 교육부로 이관하였다. 아시아도 세계적 추세에 발맞추어 교육개념에 입각한 유아교육 정책을 수립하고 있다. 예를 들어, 홍콩은 2006년부터 0~만 2세 미만 영아보육은 보건담당 부처가, 만 2~6세 미만 유아는 교육담당 부처가 담당하기 시작하였다. 대만은 2009년부터 만 2~6세 유아의 교육과 보육은 교육담당 부처가, 0~만 2세 미만 영아의 보육은 보건복지담당 부처가 담당하는 정책을 수립하였다. 우리나라는 2004년 만 3·4·5세 유아를 위한 유아교육법을 제정함으로써 교육 5법을 완성하고 부분적으로나마 무상교육을 실시하여 유아교육 분야에서 아시아 선진국으로 진입하였으나, 지금은 뒤처진 상태로 이에 대한 개선이 시급한 상황이다.

선진 각국이 영유아관련 업무를 복지 중심에서 교육 중심 체제로 빠르게 전환하게 된 것은 각국이 맞벌이 부부의 양육 문제를 책임지기 위해서일 뿐 아니라 영유아기부터 양질의 국가인적자원을 효율적으로 기르기 위해서이다. 우리나라는 0~만 6세 영유아들을 여성가족부와 교육인적자원부가 중복 관리하고 있어 행·재정상의 문제뿐 아니라 기초 수준의 국가인적자원 양성에서 난맥상이 드러나고 있다. 뇌 발달이 급속히 이루어지는 영유아기 때 발달에 적합한 양질의 환경을 마련해 주는 맞춤형 유아교육 및 보육이 시급한 실정이다. 0~만 3세 미만 영아보육과 만 3·4·5세 유아를 위한 유아학교 체제 구축, 무상 유아교육 완전 실현, 만 3세 미만 영아 무상보육 완전 실현은 그런 의미에서 대단히 중요한 일이다.

노벨 경제학상 수상자인 미국의 헥크만(Heckman) 등은 학교 단위별

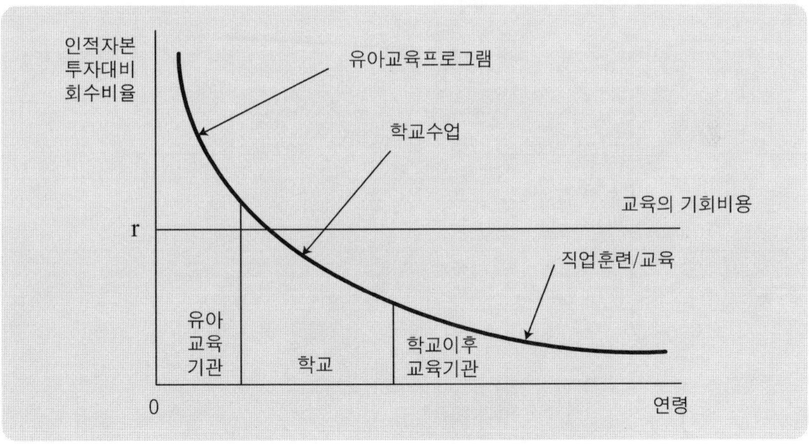

[그림 1-1] 각 연령별 동등 투자금 환산에 의한 인적자본 투자대비 교육 시기별 회수 비율

* 출처: Cunha F. Heckman, J. J, Lochner, L., and Masterov, V. D. (2005). Interpreting the evidence of life cycle skill formation Working paper No. 11331. Cambridge, MA: National Bureau of Economic Research.

교육투자대비 경제적 효율성을 연구한 결과 유아교육이 초중등교육에 비해 투자성이 월등한 것을 발견하였다. 아래 그림에서 볼 수 있듯이 유아교육에 투자할 경우 그 회수비율은 초등학교나 직업훈련 교육에 비해 큰 것으로 나타났다. 또한 바넷(Barnett, 2000)은 유아기에 $1를 투자하면 $16의 교육적 효과를 낸다고도 보고하였다. 그러므로 우리나라도 교육투자대비 효과가 높은 영아보육 및 유아교육에 적극적으로 투자해야 할 것이다.

아래 그림은 브루너(Bruner) 등이 공교육 투자비율과 뇌 성장을 비교한 것으로, 미국의 경우 뇌 성장이 가장 빠른 영유아기의 교육 재정투자가 적은 것을 보여주고 있다. 이는 미국만의 현상은 아니다. 영유아기에 적은 투자로 큰 효과를 볼 수 있음에도 불구하고 우리나라 정

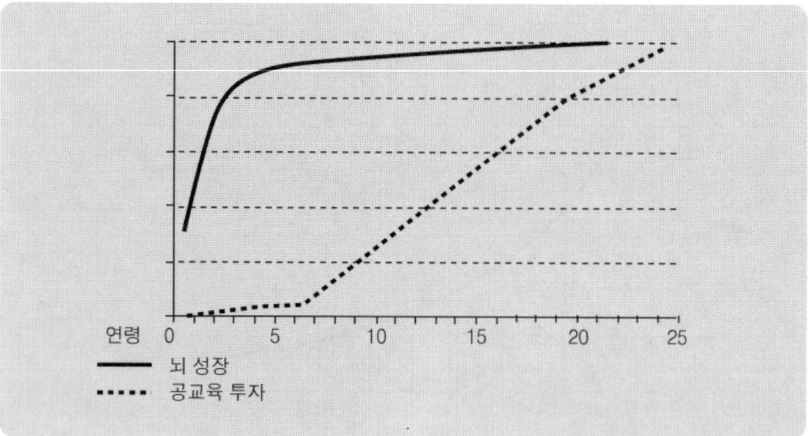

[그림 1-2] 연령별 유아의 뇌 성장대비 공교육 투자비율 효과

* 출처: Bruner, C., Elias, C., Stein, D., & Schaefer, S. (2004). Early learning left out: An examination of public investments in education and development by child age. Report by Voices for America's Children and the Child and Family Policy Center. DeMois, IA: Child and Family Policy Center.

부 역시 유아교육 투자비율이 적다. 교육인적자원부의 유아교육예산은 0.7%로 유아교육 투자비율이 지극히 낮다(교육인적자원부, 2005). 유아교육 선진화를 위해서는 정부에서 이 점에 착안하여 양질의 만 3세 미만 영아보육과 만 3·4·5세 유아교육이 수행될 수 있도록 적극 지원해야 할 것이다.

우리나라 유아교육의 발전을 위해서는 현재 난맥상을 보이고 있는 유치원 교육과 보육을 연령별로 일원화하여 영아보육의 질적 수준을 향상시키는 것과 함께 유아학교 체제 구축을 동시에 추구하는 것이 바람직하다. 이를 위해 0~만 6세 유아교육 정책을 국가적 차원에서 기본 계획을 수립하고 심도 있는 정책을 수행할 필요가 있다. 특히 만 3·4·5세 유아들이 다니고 있는 현재의 유치원을 유아학교로 바꾸어 세계적인 추세에 알맞은 체제를 구축하고, 유아교육과와 보육과로 이원화되어 있는 교사 교육제도를 정리하고, 유아교육을 위한 재정 지원이 확대되어야 한다.

2) 유아교육 및 유아학교에 대한 세계 선진국의 동향

세계 선진국의 만 1~11세 유아 및 초등교육 학제를 살펴보면 만 3~5세 유아교육 학제는 13개국(독일, 멕시코, 미국, 스페인, 아일랜드, 오스트리아, 일본, 체코, 포르투갈, 헝가리, 홍콩, 한국), 만 3~6세 유아교육 학제는 3개국(덴마크, 스위스, 싱가포르), 만 2~5세 유아교육 학제 역시 3개국(노르웨이, 벨기에, 프랑스), 만 1~6세 유아교육 학제 1개국(스웨덴), 만 4~5세 유아교육 학제 3개국(네덜란드, 캐나다, 호주), 만

3~4세(영국) 1개국으로 경제 선진국들이 모두 유아교육을 기간학제로 하고 있음을 알 수 있다.

또한 세계 경제 선진국들은 각국의 사회 경제력을 강화하기 위해 유아교육과 초등교육 학제의 연령 및 학교 체제를 긴밀하게 구축하고 있다. 더 나아가 각 국가는 단위학교 내, 학교 급간 교육 연계를 강화하고 있다. 즉, 유아교육과 초등교육의 연계를 강화하기 위하여 유아 및 초등학교를 하위단계(cycle 혹은 stage)로 구분하여 교육 단계 간 연계 체제를 강화하고 있다.

유아교육과 초등교육 학교 체제의 대상 연령, 각 학교 단계의 하위단계를 살펴보면 [표 1-1]과 같다.

한 예로 영국은 1999년 유아교육의 중요성을 인식하고 블레어 총리 취임 이후 2000년 9월에 만 3~5세 유아를 위한 유아교육과 초등 저학년 단계의 연계 체제를 구축하였다. 특히, 유아교육의 법적 체제 강화를 위하여 영국 'The Education Act 2002'에서 국가 교육과정(National Curriculum)에 기초단계(Foundation Stage)의 교육과정을 포함시키고, 유아교육 대상인 만 3~4세 유아를 위한 기초단계(Foundation Stage)로서 유아원(Nursery School) 혹은 'Sure Start' 체제를 강화하였으며, 2006년에는 만 3세 미만의 유아교육기관인 'Nursery school' 혹은 'Play Group'의 주관부서를 교육부(Department of Education and Skills)로 이관하여 출생 이후 만 7세까지의 유아 및 초등학교 저학년의 연계교육을 강화하고 있다. 따라서 영국의 만 5 · 6 · 7세는 초등학교 저학년이지만 유치원과 같은 열린교수방법을 적용받고 있다.

미국은 1870년대 후반부터 공립 유치원을 설립하기 시작해 1883년

[표 1-1] 세계 경제 선진국 25개국 1～11세의 유아 및 초등교육 입학 연령과 취원(학)율

국 가	유아학교 시작연령	초등학교 시작연령	1	2	3	4	5	6	7	8	9	10	11
영국	1-3세	5세	26	26	95	100							
노르웨이	1세	6세	48	48	88	88	88						
스웨덴	1세	7세	45	86	86	91	91	91					
벨기에	2세	6세		90	100	100	100						
프랑스	2세	6세		35	99	99	99						
독일	3세	6세			90	90	90						
멕시코	3세	6세			55	55	88						
미국	3세	6세			50	70	90						
스페인	3세	6세			n	n	n						
아일랜드	3세	6세			4	56	100						
오스트리아	3세	6세			80	80	80						
일본	3세	6세			n	n	n						
이탈리아	3세	6세			70-90	70-90	96						
체코	3세	6세			76	98	98						
포르투갈	3세	6세			60	76	90						
한국	3세	6세			12	27	45						
헝가리	3세	6세			85	85	97						
홍콩	3세	6세			n	n	n						
덴마크	3세	7세			58	58	58	98					
스위스	3세	7세			n	n	63	99					
싱가포르	3세	7세			100	100	100	100					
캐나다	4세	6세				40	100						
호주	4세	6세				17	84						
네덜란드	4세	6세				100	100						
핀란드	6세	7세						96					

유아교육	유아의무교육	유아교육 * 수는 유아교육 취원율(%), n: 자료 없음
초등(의무)	교육	초등교육(의무교육) 및 초등 하위단계 구분

* 유아학교 입학 연령 및 가나다 순.
해당 연령 유치원 재원 유아비율.
사회복지부 등 기타 관련 부처의 보육 체제는 자료화하지 않았음.

* 출처: Bertram & Pascal. (2002). Early years education: An international perspective. London, UK: Qualifications and Curriculum Authority.
European Commission. (2006). National summary sheets on education systems in Europe and ongoing reforms. (2006 Ed.). Belgium, Brussels: Eurydice.
OECD. (2006). Start Strong Ⅱ: Early Childhood Education and Care, France, Paris: OECD.
Worldbank. (2006). World Development indicators database. Worldbank, 1, July, 2006. Retrieved 2006-08-14, http://worldbank.org

만 5세만을 대상으로 한 공립 유치원을 설립하였다(이원영 역, 1998). 만 5세 유아만을 K-학년으로 분리하여 무상교육을 완성했던 것이다. 그러나 이 제도는 유아의 발달에 적합하지 않고, 인적자원 양성에도 효과가 없음이 밝혀져 2002년부터 만 3, 4세를 공교육 체제에 포함시키기 시작하였다. 부시 정권이 시작되면서 백악관은 2001년 7월 'Summit on Early Childhood Cognitive Development'를 열어 유아교육정책을 수립하고 강력하게 수행하기로 하였다. 이에 부응하여 미국 교육부는 2002년 'Good Start, Grow Smart.'라는 정책 방향을 수립하고 2002년 'No Child Left Behind Act'를 제정하여 유아기부터 우수 인재를 양성하는 데 박차를 가하고 있다(http://www.ed.gov). 만 3, 4세 유아들이 다니는 'Pre-public kindergarten(PPK)'은 이 정책의 일환으로 만들어진 것으로 2006년 현재 만 3세 유아의 60%, 만 4세 유아의 68%가 무상유치원교육 혜택을 받고 있다.

2. 유아교육 선진화를 위한 개선방안

1) 유아학교 체제 구축으로 유아교육 세계화 실현

저출산·고령화 사회에 대비하기 위해서는 영·유아·청소년 등 미래 인적자원에 대한 투자가 가장 효율적임을 경제학자들이 증명한 바 있다. 현재 우리나라와 같이 보육에 치중한 정책만으로는 세계화 대열에서 낙오되기 쉽다.

영유아기 교육 및 보육은 국가인적자원의 양성 차원에서 장기적 계획으로 정책을 수립하고 추진해야 한다. 따라서 출생 시부터 영유아의 발달에 적합한 맞춤형 영아보육과 유아교육을 실현할 수 있는 적절한 정책이 필요하다. 이를 위해 다음과 같은 방안을 살펴보자.

(1) 연령별 부처 일원화 후 교육인적자원부로의 통합

21세기에 접어들면서 OECD 국가들은 유아기부터 양질의 국가인적자원을 양성하기 위해 앞 다투어 0~만 6세 보육 및 유아교육 업무를 통합하여 교육부로 이관하고 있다. 대만과 홍콩은 0~만 2세 미만은 보건 관련 부처가, 만 2~6세 미만은 교육부가 담당하게 되었다.

장기적으로는 교육인적자원부가 영유아 업무를 맡아야 하겠지만 중간 단계로 만 3세 미만은 여성가족부가 담당하여 영아전문기관으로 탈바꿈하고, 만 3·4·5세는 유아학교 체제로 전환하여 영유아의 발달에 알맞은 맞춤형 영아보육 및 유아교육을 실현하는 선진화가 요구된다. 여성가족부가 영아 보육시설 전문화를 적극적으로 추진하고,

교육인적자원부는 유아학교 체제를 성실하게 구축한 뒤 궁극적으로는 0~만 6세 미만의 영유아 업무를 통합하여 교육인적자원부가 담당하는 것이 맞벌이 부부를 위하는, 또 국가인적자원을 기초 수준부터 효율적으로 양성할 수 있는 바람직한 방안이라고 본다.

(2) '유아학교'로 명칭 전환

국민학교를 초등학교로 개칭한 것과 같이 일제 잔재인 '유치원' 명칭을 '유아학교'로 개칭하는 것이 바람직하다.

(3) 단설 국 · 공립 유아학교 설립 확대

현재 공립 유치원의 대부분은 초등학교 병설이어서 행 · 재정적으로 초등학교에 복속되어 있다. 국 · 공립 유치원의 경우 초등학교 교장과 교감이 원장, 원감 업무를 맡고 있어 유아의 발달에 맞는 교육이 효율적으로 행해지지 않는 경우가 있다. 따라서 초등학교 병설 유치원이 만 3 · 4 · 5세의 발달에 적합한 교육을 할 수 있는 정책을 수립할 필요가 있다. 예를 들어 초등학교의 일부 부지를 이용하여 만 3 · 4 · 5세 유아를 함께 교육할 수 있는 단설 공립 유치원을 세우도록 한다. 유아에게 적합한 교육 정책을 계획하고 실행하기 위해서는 단설 공립 유치원 설립을 확대하여 운영하는 것이 가장 좋은 방법이다.

(4) 사립 유아학교의 양적 확대 및 설립 지원

현재 유치원 취원 유아의 77%가 사립 유치원에 다니고 있을 정도로 그동안 유치원 교육은 민간주도 중심이었다. 따라서 사립 유치원을 점진적으로 유아학교로 전환한 후 공교육 기능을 부여하는 것이 바람직하다. 그러나 사립 초등학교처럼 자율형 사립 유아학교도 설립 가능하게 함으로써 사립 유치원 운영자들에게 선택의 폭을 넓혀줘야 한다. 민간이 사립 유아학교를 설립하고자 할 때 저금리 대출을 보장해 준다거나 세제 혜택을 주는 정책을 수립해야 한다.

(5) 사립 유치원 교사 인건비 지원

정부가 사립학교에 교사 인건비를 지원하듯 사립 유치원의 교사 인건비를 지원하여 사립 유치원이 공공성의 기능을 잘 수행할 수 있도록 해야 한다. 현재 교육인적자원부는 농어촌구조개선특별회계에 의하여 마련된 재원으로 농·산·어촌 지역 및 30만 미만 도농복합 도시지역의 사립 유치원 학급 담임교사에게 월 11만 원의 학급 담임 수당을 한정적으로 지급하고 있으나 교사 인건비 지원은 모든 사립 유치원 교원들에게 확대되어야 한다.

(6) 직장 유아학교 설립 의무화

기존의 직장 보육시설을 개편하여 0~만 3세 미만 영아전문 보육시설과 만 3·4·5세를 위한 유아학교 체제로 구분 운영할 것을 의무화하여 부모들이 자녀들을 한 곳에서 볼 수 있어 안심하고 직장 일에 충실할 수 있도록 해야 한다. 이와 함께 직장 영아 보육시설의 월령별 전문화와 직장 유아학교 설립 기업에 대한 국가차원의 세금공제 혜택 등의 지원이 필요하다.

2) 보육시설의 연령별 전문화

(1) 영아발달에 알맞은 전문 보육시설 확대

0~만 2세 영아들은 만 3·4·5세와는 다른 발달적 욕구를 가지고 있어 현재와 같이 0~6세의 다양한 연령대의 영아들을 보육하고 있는 체제는 0~만 2세는 물론 만 3·4·5세의 유아에게도 바람직하지 않다. 따라서 효율적인 영아보육을 위해 만 3세 미만 영아를 연령별로 세분화한 영아 보육시설을 전문화하는 것이 시급하다.

(2) 만 3세 미만 영아 보육시설의 양적 확대

2006년도 0~3세 미만 영아 총수와 보육시설 취원아 및 지원 실태 ([표 1-2] 참조)를 보면 0~3세 미만 영아의 보육시설 취원 현황이 낮은 것을 볼 수 있다. 현재는 0세의 2.92%, 만 1세의 7.88%, 만 2세의 14.89%만이 국가로부터 보육비를 지원받고 있는데 앞으로 맞벌이 부부의 증가에 따라서 경제적 기반이 빈약한 젊은 세대들이 안심하고

[표 1-2] 영아인구 총수와 보육료 지원 현황

단위 : 명/%

구분	인구 총수	보육시설 취원아 (취원아/인구 총수)	보육료 지원아 수 (지원아/취원아)	지원아/인구 총수 (%)
0세	479,102	33,647(7.0)	14,013(41.6)	2.92
1세	478,115	89,403(18.7)	37,681(42.1)	7.88
2세	479,029	179,301(37.4)	71,357(39.8)	14.89
계	1,436,246	302,351	123,051	

* 출처: 여성가족부 보육통계(2006).

영아를 맡기고 일할 수 있도록 재정적 지원이 더욱 확대되어야 한다. 그래야만 젊은 부부들이 둘째 셋째를 갖게 되어 저출산 문제도 해결의 실마리를 잡을 수 있게 될 것이다.

3) 재정 지원

우리나라 유아교육 예산 규모는 2005년 기준으로 GDP 대비 0.28%에 불과하며, 유아 1인당 교육비도 OECD 국가 평균의 58%에 그치는 저조한 실정이다. 나날이 증가하는 유아교육비의 학부모 부담을 줄이기 위해서는 유아교육에 대한 재정 지원이 필수적이다.

(1) 유아교육 예산 대폭 확충

2006년 기준 만 3 · 4 · 5세 유치원 취원율이 35.0%에 불과하므로 교육인적자원부의 유아교육 예산을 대폭 확충하여 국 · 공립 유치원 설립을 확대하고 사립 유치원의 교사 인건비를 지원해야 한다.

[표 1-3] 유치원 취원율

구분	만 3 · 4 · 5세 유치원 취원율(%)
2006	35.0
2005	31.4
2000	26.2
1990	31.6
1980	4.1
1970	1.3

* 출처: 교육통계연보(2006).

또한 전체 유치원 중 국·공립 비율이 53.8%에 머무르고 있는데 이는 1990년에 비해 크게 증가하지 않은 수치로서 국·공립 유치원에 대한 적극적인 재정 확충이 있어야 할 것이다.

[표 1-4] 국·공립 유치원 비율 연도별 추이

구분	전체 유치원 수	국·공립 유치원 수	비율(%)
2006	8,290	4,460	53.8
2005	8,275	4,412	53.3
2000	8,494	4,176	49.2
1990	8,354	4,603	55.1
1980	901	40	4.4
1970	484	1	0.2

* 출처: 교육통계연보(2006).

(2) 만 3·4·5세 유아학교(유치원) 무상교육비 100% 지원

만 3·4·5세 유아에 대한 유아교육비 지원 대상을 차상위 계층으로 점진 확대한 후 일반 가정도 혜택을 받을 수 있도록 하여 만 5세 무상 유아교육을 100% 달성하는 동시에 저소득층 만 3, 4세 무상 유아교육비 지원까지 100% 이루어야 한다.

교육인적자원부는 2006년에 만 5세아의 21.7%(12만 9천 명)에게 무상교육비를 지급하였으며, 2007년에는 29.7%인 15만 2천 명에게 무상교육비를 지급할 계획이다. 또, 만 3, 4세를 대상으로는 2006년 8만 6천 명 지원에서 2007년에는 17.6%인 16만 8천 명으로 지원을 확대할 계획이다.

만일 정부가 2012년까지 만 3 · 4 · 5세 유아에 대한 차등 교육비 지원을 점진적으로 확대하여 무상 유아교육을 100% 달성하고 유치원을 유아학교로 개칭한다면 명실공히 선진국형 교육제도를 수립하게 될 것이다. [표 1-5]는 현재 교육인적자원부가 지원하고 있는 무상교육비 현황이다.

[표 1-5] 교육인적자원부와 여성가족부의 무상교육비 및 보육료 지원아 수

<table>
<tr><th rowspan="2">연 령</th><th rowspan="2">인구 총수 (2006)</th><th colspan="2">교육인적자원부</th><th colspan="2">여성가족부</th></tr>
<tr><th>2006년</th><th>2007년</th><th>2006년</th><th>2007년</th></tr>
<tr><td>만 5세</td><td>593,649</td><td>128,979</td><td>152,341</td><td>154,349</td><td>152,341</td></tr>
<tr><td>만 4세</td><td>513,034</td><td rowspan="2">86,349</td><td rowspan="2">167,562</td><td rowspan="2">407,250</td><td rowspan="2">563,650</td></tr>
<tr><td>만 3세</td><td>478,184</td></tr>
<tr><td>계</td><td>1,584,867</td><td>217,334</td><td>321,910</td><td>563,605</td><td>717,998</td></tr>
</table>

* 출처: '05. 1. 통계청 인구추계, 교육인적자원부 통계(2006, 2007), 여성가족부 통계(2006, 2007).

2007년 현재 교육인적자원부와 여성가족부로부터 무상교육비를 지원받는 만 5세 유아는 총 304,682명으로 전국 만 5세아의 51.3%에 해당한다.

(3) 0~만 3세 미만 영아 무상보육 완전 실현 및 다양한 영아보육 정책의 수립

선진국에서는 0~만 6세 미만 영유아를 위한 보육 또는 유아교육을 무상화하는 정책이 급속히 추진되고 있다. 이 연령대 아이들은 발달이 변화무쌍하고 질병에 쉽게 노출되기 때문에 의무교육보다는 무상

교육 정책을 수립하고 있는데, 이는 영유아의 발달에 알맞은 프로그램을 선택할 수 있는 권리를 보장해 주기 위해서이다.

우리나라는 만 3세 미만 영아 보육시설에 적극 투자해야만 맞벌이 부부는 물론 영아 발달도 극대화될 것이므로 교육인적자원부는 만 3·4·5세를 위해 유아학교 체제를 구축 발전시키고, 여성가족부는 만 3세 미만 영아보육을 전문화할 수 있도록 역할 분담을 해야 할 것이다. 특히 만 3세 미만의 영아는 애착 형성이 중요한 시기이므로 양질의 보육 및 교육환경이 필요하다.

우리나라 맞벌이 부부들이 취업 장애요인으로 육아부담(여성 31.4%, 남성 29.3%)을 가장 크게 생각하고 있는 것은(이옥 등, 2006) 젊은 부모들에게 육아는 여러 가지로 힘든 일이기 때문이다. 특히 경제적으로 새로 시작해 경제 기반이 약한 연령대이기 때문에 육아에 드는 비용을 감당하기 어렵다. 앞에서 제시된 [표 1-2]에서 볼 수 있듯이 2006년 현재 여성가족부가 지원하고 있는 만 2세아는 총 영아의 15%, 만 1세아는 8%, 출생부터 만 1세 미만 영아는 3%에 지나지 않는다. 이는 국가가 아직 맞벌이 부부들이 가장 필요로 하는 영아보육 문제를 해결하지 못했다는 증거이다. 국가는 2012년까지 영아보육만큼은 완전 무상보육으로 해야 할 것이며, 가정에서 아기돌보기를 희망하는 젊은 부모들을 위해 가정친화적 정책을 수립하고 가정보육에 대한 재정 지원 등을 검토해야 할 것이다.

(4) 공 · 사립 유치원의 종일반 운영 실질적 지원

먼저 공 · 사립 유치원의 종일반이 확대되고 이에 대한 실질적인 운영비 지원이 이루어져야 한다.

전통적으로 유아교육은 영유아의 발달 특성상 교육과 보육을 통합하여 수행해야만 효과가 있다. 게다가 저출산 및 고령화 사회 진입 현상을 극복하기 위해서는 맞벌이 부부의 육아부담을 줄여주는 것이 필요하므로 종일반을 확충하고 질적 수준을 높일 수 있도록 재정 지원을 점진적으로 확대해야 한다.

현재 종일반을 운영하고 있는 유치원은 전국적으로 5,930개(2006년 통계)이며 교육인적자원부는 2007년에는 6,218개로 확대할 계획을 갖고 있다. 종일반 확대를 위한 재정 지원을 대폭 확충함으로써 2012년까지는 전국의 유아학교가 맞벌이 부부와 유아들을 위한 양질의 유아교육과 영아보육을 할 수 있도록 해야 한다.

또한 농어촌은 물론 도시 빈민지역 공립 유아학교(유치원)에도 종일반 증설이 적극적으로 추진되어야 한다. 현재 저소득층 가정의 만 3 · 4 · 5세를 위해 무상교육비가 지원되고 있고, 차상위 단계의 가정을 위해서는 저소득층 거주 지역에 공립 유아학교(유치원)를 대폭 증설하고 지원할 필요가 있다.

4) 유아학교 및 영아 보육시설의 질적 수준 강화

(1) 지역중심 유아학교(유치원) 및 영아 보육시설 운영으로 질적 수준 개선

각 지방교육청 별로 지역중심 유아학교(유치원)나 지역중심 영아 보육시설을 지정함으로써 교육활동 및 교육방법에 모범을 보이는 곳을 육성하여 지역중심으로 유아교육과 영아보육의 질적 수준이 개선되도록 해야 한다.

(2) 유아학교(유치원) 교사 및 보육 교사의 질적 향상 추구

교사의 질적 수준이 유아교육 및 보육의 질적 수준을 결정하기 때문에 현재 이원화되어 있는 유치원 교사 및 보육 교사 양성제도를 개선할 필요가 있다. 이와 함께 교사 수급 정책을 적정화함으로써 교사의 신분을 보장해 주어 유아교육과 영아보육에 전념할 수 있는 분위기를 만들어야 할 것이다.

(3) 그 밖에도 국가수준의 교육 및 보육 교사 연수프로그램을 개발하여 활용하거나 유아학교 교사를 활용한 전국 규모의 부모교육 실시 프로그램 개발 및 운영 등이 필요하다.

5) 유아학교(유치원) 체제 정착을 위한 행정개편

교육부 및 시 · 도교육청에 유아교육 지원 체제 구축방안으로써 유아교육의 질적 수준을 높이기 위해 시 · 도교육청에 유아교육과를 신설하고, 만 3 · 4 · 5세 무상 유아교육의 100% 실현을 위해서 교육인적자원부의 유아교육지원과를 국(局) 차원으로 승격시키는 방안도 고려해 볼 수 있다. 또한 유아교육 담당자는 유아교육 전공자로 배치하고 유아학교 및 영아 보육시설에 대한 장학인력을 대폭 확충하여 유아교육 및 영아보육의 질적 수준을 지속적으로 향상시켜야 할 것이다.

참고문헌

교육인적자원부 **통계연보**(2006, 2007).

나정, 김은설, 유은영, 김정현(2006). 유아미술학원 대상 학원실태조사. 육아정책개발센터.

손미령, 신은수, 엄정애(2006). 미국 K-Grade 체제의 반성과 변화에 의한 Universal Pre-Kindergarten 체제 전환이 우리나라 유아교육 학제에 주는 시사-Kenturky 주를 중심으로. **유아교육연구**, 26(4), 97-119.

여성가족부 통계(2006, 2007).

유희정, 김은설, 유은영(2006). 육아지원기관의 공공성 제고방안 연구. 육아정책개발센터. 연구보고, 2006-02.

이군현 의원실. 2006년 국정감사자료.

이미화, 장명림, 신나리, 김문정, 김현철(2006). 육아지원 인력의 수급전망과 전문성 제고방안 연구. 육아정책개발센터.

이옥, 김은설, 신나리, 문무경, 최혜선(2006). 육아 정책의 효율성 제고를 위한 유아교육, 보육의 협력과 통합 방안. 육아정책개발센터.

이원영 역(1998). **미국유아교육사**. Barbara Beatty 저. *Preschool Education in America*. 서울: 교육과학사.

조부경, 김영실, 신은수(2006). 쟁점연구-어린이 삶의 관점에서 본 바람직한 유아교육학제 개편. **유아교육연구**, 26(3), 한국유아교육학회, 5-32, PP 5-31.

Barnett, W. Steven. (2000). Economics of Early Childhood Intervention in Handbook of Early Childhood Intervention edited by Shonkoff, Jack P. and Meisels, S. J. N. Y.: Cambridge University Press. pp. 589-612.

Bertram & Pascal. (2002). *Early years education: An international perspective*. London, UK: Qualifications and Curriculum Authority.

Bruner, C., Elias, C., Stein, D., & Schaefer, S. (2004). *Early learning left out: An examinatin of public investments in education and development by child age*. Report by Voices for America's Children and the Child and Family Policy Center. DeMois, IA: Child and Family Policy Center.

Cunha F. Heckman, J. J, Lochner, L., and Masterov, V. D. (2005). Interpreting the evidence of life cycle skill formation Working paper No. 11331. Cambridge, MA: National Bureau of Economic Research.

European Commission. (2006). National summary sheets on education systems in Europe and ongoing reforms (2006. Ed.). Belgium, Brussels: Eurydice. Cunha, Heckman, Lochner, & Masterov. (2005).

OECD. (2006). Start Strong Ⅱ: Early Childhood Education and Care. France, Paris: OECD.

Worldbank. (2006). World development indicators database. Worldbank, 1, July, 2006. Retrieved 2006-08-14, http://worldbank.org

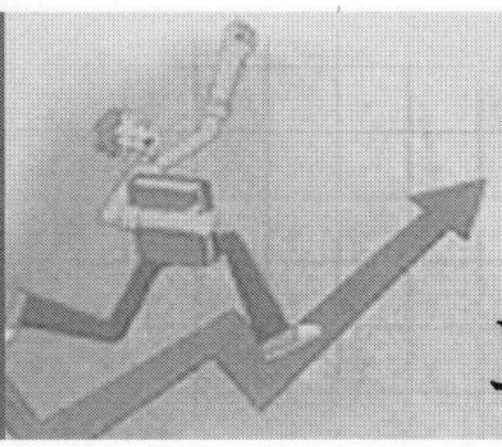

제2장 모두에게 열어주는 평생학습

지식기반경제시대인 21세기, 세계 모든 나라들은 치열한 경쟁에서 생존하기 위해 온 국민의 능력계발과 사회적 통합을 이루려고 각고의 노력을 하고 있다. 특히, 평생학습은 지식경제시대가 요구하는 인적자본 확충을 통한 국가경쟁력 제고방안으로서 뿐만 아니라, 사회적 자본 확충으로 계층이동의 기회를 확대하는 사회적 긴장 완화제로서의 중요성이 부각되고 있다. 미국, 일본 및 북유럽의 선진국 등 전통적인 평생학습 강국은 물론, 아일랜드나 싱가포르 등 여타의 다른 국가들도 평생학습 진흥을 통한 학습국가를 건설하기 위해 국가적 역량을 모으고 있다.

평생학습 참여율과 1인당 GDP 사이의 비례적인 상관관계를 OECD 교육지표에서 볼 수 있으며, 평생학습 참여율이 높은 국가는 국민 최저 교육수준이 보장됨으로써 국가경쟁력의 강화와 사회적 통합 및 개인의 삶의 질 제고를 동시에 달성할 수 있는 유리한 위치를 점하게 된다.

지식기반사회에서 지식과 정보를 얻는 과정상 지불하게 되는 비용을 충당하기 곤란한 저소득층과 저학력층은 지식과 정보로부터 소외되고, 이로 인해 정보격차(digital divide), 학습격차(learning divide)는 계속 악화된다. 결국, 국가경쟁력의 근간으로서의 사회통합을 정보격차, 학습격차가 가로막고 있는 셈이다. 특히, 부모의 경제력 차이로 유발된 학교교육 기회의 불평등이 학교졸업 후까지 이어짐으로 인해, 성인이 되어서도 학습기회의 격차는 오히려 확대되고, 이른바 '부의 대물림'과 '가난의 대물림'을 고착화시킨다. 평생학습의 중요성이 여기에 있는 것이다.

1. 평생학습의 현황 및 주요 문제점

성인의 학습참여는 i) 개인의 능력을 계발하고 삶의 질을 향상하며, ii) 사회적으로는 계층이동의 기회를 확대해 사회적 통합을 증진하고, iii) 국가경쟁력을 높여 지속적인 성장을 가능케 하므로, 모든 국민들에게 학습기회는 균등히 제공될 것이 요구된다.

1) 성인의 학습참여 현황

우리나라 '성인의 학습참여율'은 1996년 17.4%에서 2000년에는 17.2%로 감소되었지만, 2004년에는 21.6%로 다시 증가하였다([그림 2-1] 참조).

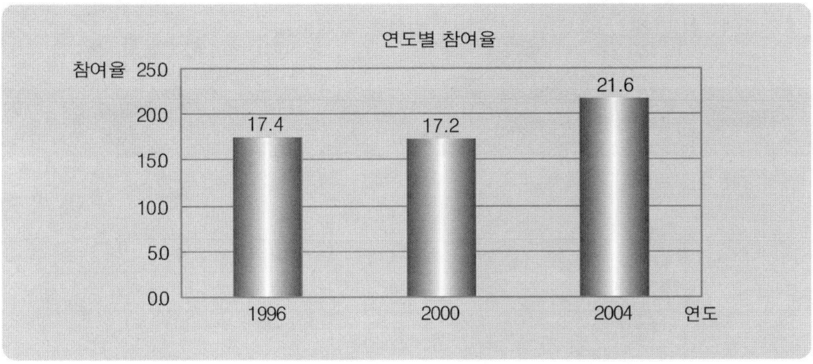

[그림 2-1] 연도별 우리나라 성인의 평생교육 참여 실태

* 출처: 통계청(1996, 2000, 2004).

평생학습 참여율의 증가는 평생학습에 대한 국민의 인식전환이 실질적 행동으로 나타나고 있는 것이다. 1998년부터 실시하고 있는 학점은행제, 시간제 등록제 등 평생학습 진흥을 위한 국가의 정책도 평생학습 참여율을 높이는 데 중요한 역할을 한 것으로 보인다.

그러나 선진국과 비교하면 우리나라의 평생학습 참여율은 국제성인문해조사(IALS; International Adult Literacy Survey)의 평균 학습 참여율(44.0%)의 절반에도 미치지 못한다(21.6%, 2004)([표 2-1] 참조).

학력별 · 직종별 참여격차가 극심한 것이 교육한국의 현주소다.

먼저 학력별 평생학습 참여율을 보면, 대졸자에 대한 초등학교 졸업자 이하의 평생학습 참여율은 1/8(5.0 : 42.6)에 지나지 않는다. 비율도 문제지만 초등학교 졸업자 이하의 학습 참여율은 5%로 지나치게 낮은 수준이다. 고졸자의 평생학습 참여율 또한 대졸자 참여율의 1/2 (18.7 : 42.6)에도 미치지 못한다(최돈민, 2007)([그림 2-2] 참조).

[표 2-1] 성인(25～64세)의 평생학습 참여율 국제비교

(단위: %)

	ELFS (2002)	Eurobarometer (2003)	CVTS (1999)	IALS (1994-98)	ALL (2003)	National Sources
준거 기간	4주	1년	1년	1년	1년	1년
오스트리아	7.5	33.0	31.0			
캐나다				40.6	49.3	34.7
덴마크	18.4	56.2	53.0	60.1		
핀란드	18.9	53.3	50.0	64.8		
독일	5.8	32.0	32.0			
헝가리	3.2		12.0	25.5		
한국(2004a)						21.6
한국(2004b)						21.7
한국(2004c)					11.1	22.5
멕시코						9.6
네덜란드	16.3	41.5	41.0	42.9		
노르웨이	13.3	41.7		53.5	53.3	
폴란드	4.3		16.0	19.0		
포르투갈	2.9	11.9	17.0	15.7		
스웨덴	18.4	51.9	61.0	59.2		
스위스	24.7			45.3	60.8	
영국	22.3	39.6	49.0	53.7		
미국				48.1	54.6	52.1
단순 평균	12.4		35.2	44.0		

* 주: 한국의 경우 2004a의 통계는 통계청(2004) 사회통계조사 결과이고, 2004b는 메타분석 결과이며, 2004c는 한국의 ALL연구로 22.5%는 재분석 결과임.

* 출처: OECD. (2005). Promoting Adult Learning, p. 16.
OECD. (2005). Learning a living: First results of the adult literacy and life skills survey, p. 97.

전문관리직, 사무직의 평생학습 참여율은 1996년과 2004년 사이에 큰 변동 없이 평균적으로 45%대를 보이고 있는 반면, 서비스 판매업·

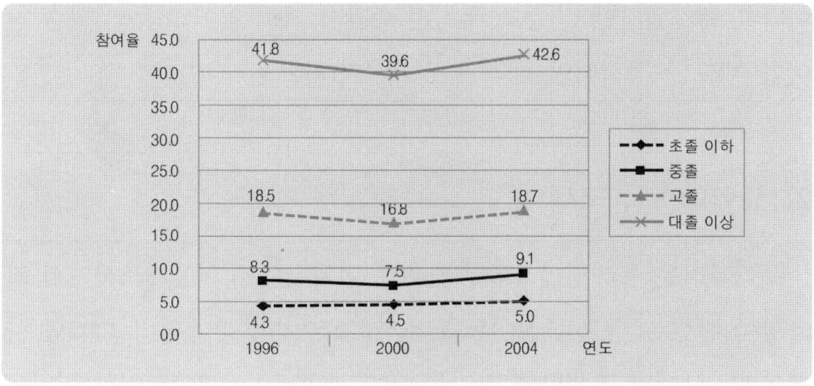

[그림 2-2] 우리나라 성인의 학력별 평생교육 참여율 비교

* 출처: 통계청(1996, 2000, 2004).

농어업 · 기능 노무직인 경우 17% 이하의 참여율로 전문관리직, 사무직의 1/3수준에 불과해 직종별 학습 참여율도 양극화 현상을 보이고 있다([그림 2-3] 참조). 서비스 판매업과 농어업 직종은 참여율이 조금

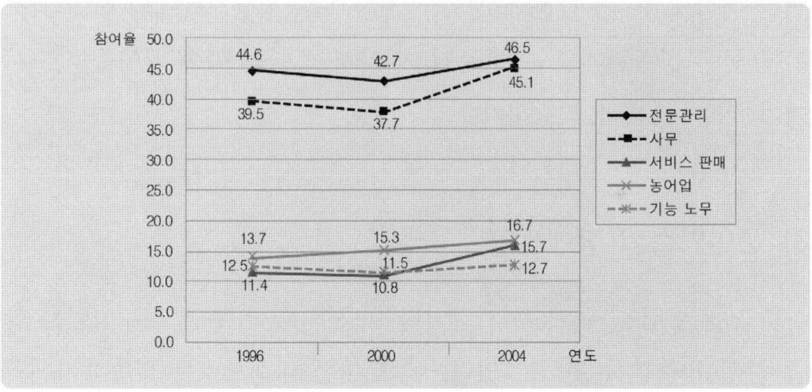

[그림 2-3] 우리나라 성인의 직업별 평생학습 참여율 비교

* 출처: 통계청(1996, 2000, 2004).

이나마 증가했지만, 기능 노무직은 증감이 거의 없어 이들의 학습 참여를 제고할 정책적인 배려가 필요하다(최돈민, 2007).

2) 성인학습의 국제 비교

우리나라는 통계청에서 4년 단위로 실시하는 사회통계조사에서 교육항목 관련 계속교육 참여도를 조사하고 있다. 통계청의 2000년 사회통계조사에서 평생학습 참여율은 17.2%로, 이를 20세 이상 성인으로 환산하면 17.25%에 해당한다. 우리나라는 OECD의 IALS(국제성인문해조사)사업에 참가하지는 않아 직접 비교하기는 어렵지만, OECD의 국제성인문해조사에 의하면 덴마크가 56%로 가장 높고, 핀란드(55%), 스웨덴(54%), 미국(51%) 등이 그 뒤를 잇고 있다. 우리나라보다 참여율이 낮은 국가는 폴란드(14%), 포르투갈(13%)의 2개국뿐이다.

지식기반경제에서는 지식과 기술의 계속적인 업그레이드가 성장을 위한 핵심요소이기 때문에 성인의 계속교육, 평생교육에의 참여와 소득은 높은 상관관계를 보여 준다. 따라서 성인의 학습 참여를 제고시키기 위한 정책이 필요하다.

3) 성인학습의 장애요인

학습에 투입될 수 있는 시간이나 비용에 대한 부담으로 성인은 학습 참여를 충분히 못하고 있다. 이에 대한 대책으로는 학습휴가제와 학습비를 지원하는 방안을 생각해 볼 수 있다. 우리의 경우 학습휴가제는 평생교육법 제7조에 그 근거를 마련해 두고 있다. 우리나라는 학습비를 남자는 50.0%, 여자는 무려 69.9%를 본인이 부담하고, 고용주는 10% 미만을 부담하고 있다(최돈민, 2007).

4) 평생학습 활성화를 위한 재정 지원제도

의무교육 대상인 비문해자를 제외한 성인학습에서 정부가 모든 예산을 부담하는 것은 바람직하지 않다. 성인학습은 학습에 대한 개인적 만족감과 소득증대 등과 같은 사적 이익을 창출하고, 생산력도 향상시키므로 개인과 고용주도 당연히 일부분을 부담함이 마땅하다.

그럼에도 평생학습이 가지는 의미를 살리려면 비용문제로 인해 학습에 참여할 수 없는 계층을 위한 적극적인 재정 지원이 필요하다. 다만, 학습비를 전적으로 국가나 타인이 부담하여 학습에 금전적인 희생이 따르지 않으면 학습에 대한 책임감이 떨어져 중도탈락률이 높고 교육효과가 기대에 미치지 못하는 경향이 있어 선진국에서도 국가가 부담하는 성인의 학습비는 최대 80% 정도다.

비용을 지원하는 방법으로는 개인학습계좌, 시간계좌, 소득공제와 세금공제, 소득기반 대출 등이 있다([표 2-2] 참조).

개인의 직접비용 절감은 학습을 위해 지출한 금전이나 시간 등 비용에 대해 같은 규모의 지원이나 비용 절감을 받을 자격을 주는 것이다. 우리나라도 2002년, 2003년 2년간 성인이 기술계 학원에서 1년 이상의 교육을 받을 경우 학비를 대출하는 제도를 운영한 바 있으나 실효성이 적어 현재는 폐지된 상태다.

학습으로 인한 성인의 소득상실을 보전해 주는 방법으로는 ⅰ) 근

[표 2-2] 성인학습의 공동부담제도

방 안	목 표		
	개인의 직접비용 절감	상실소득 보전	위험 분담
저축계좌 및 개인학습계좌	네덜란드: 2001년 영국: 2000년(2001년 중단, 웨일즈 재개, 스코틀랜드: 재개 예정 스페인 바스크 지역: 2000년 벨기에(플란더즈어권): 2003년	스칸디나비아: 1999년 스페인: (2000년 제안, 최종안 미확정)	
시간계좌		독일, 프랑스: (단체협약)	
금리보조	한국: 2002–2003년		
소득공제와 세금공제	오스트리아: 2002년 네덜란드: 2001년 스페인: (마련 중)	스칸디나비아, 네덜란드: 1993년	
소득기반 대출			호주: 대학학부 과정 –1989년, 졸업 후 과정 –2002년
훈련대출 이전			영국: (마련 중)

* 자료: OECD(2003).

로시간의 일부를 시간계좌에 적립해 두고 성인학습을 위해 인출하는 방안, ii) 금융소득의 일부를 적립해 두고 교육이나 훈련기간 동안 상실된 소득 대신에 이를 사용할 수 있도록 하는 방안이 있다.

학습활동 투자에 따르는 위험을 분담하는 방법은 호주의 경우를 벤치마킹할 필요가 있다. 호주에서는 개인이 대학등록금의 평균 30%를 부담하되, 졸업 후 일정 소득 이상인 경우에는 과세소득의 3%에서 6%까지 상환을 하지만 소득이 이에 미치지 못하면 학비를 상환하지 않도록 하고 있다.

소득차에 따른 학습기회 격차는 성인학습에서도 두드러진다. 왜냐하면 저급 기술자는 대체 가능성이 높아 소득은 낮고 실업 가능성은 높아 여력이 없는 반면에, 고급 기술자는 대체 가능성이 거의 없어 실업의 위험성은 낮으면서 고소득자여서 성인학습의 접근기회가 상대적으로 많기 때문이다. 따라서, 고용선 아래의 실직자를 대상으로 하는 저급 기술교육은 사회적 편익이 크므로 공공부문이 담당하고, 고급 기술교육은 이로 인한 사적 이익이 크기 때문에 자발적 평생학습시장이 형성되도록 하는 학습시장의 구조 개편도 생각해 볼 수 있다.

2. 평생학습의 개선방안

기술한 바와 같이 OECD의 경쟁국가에 비해 우리의 성인교육 수준은 아쉽게도 초보적이다. 학습 참여율이 낮기 때문에 성인의 학습결과 성적표로서의 문해력도 OECD의 경쟁국가에 비해 수준이 낮다. 국가의 평생학습 관련 예산비중이 세계적으로 최하위수준이라는 현실도 주요 원인이라 할 수 있다. 성인의 학습 참여를 높이고 학습 효과를 거두기 위한 대책 마련이 시급하다.

먼저, 기초학력이 부족한 성인에 대해 학습기회를 제공하기 위하여 신 문해교육운동을 전개할 필요가 있다. 저학력 성인의 기초능력 부족은 평생에 걸친 능력계발의 장애요인으로 작용하고 결국 빈곤의 악순환으로 이어져 사회 양극화를 가속시킬 수 있다. 현재 중학교까지는 의무교육을 실시 중이지만, 15세 이상의 국민 중 15.74%에 해당하는 5백 99만여 명이 중학교 교육을 마치지 못한 상태다. 또한 고등학교 학력을 취득하지 못한 국민도 3백 98만여 명으로 추산되고 있다. 따라서 공공교육기관에 성인기초교육프로그램을 개설하여 저학력자의 문해교육과 기초생활교육을 실시할 필요가 있다. 또한, 학력인정 평생교육시설의 학습비를 지원하는 것도 한 방안이 될 것이다. 또한 외국인 노동자 및 그 자녀, 다문화 가정, 국제결혼 이주 여성 등을 대상으로 한국어, 한국 문화의 이해 등 한국 적응 교육프로그램을 강화하는 것도 필요하다.

둘째, 학습 소외계층의 실질적 학습을 지원하기 위하여 평생학습 바우처제도를 운영한다. 평생학습 바우처란 학습자에게 교육비용을 카드 또는 쿠폰 형식으로 발급하여 학습자가 희망하는 교육프로그램을 선택할 수 있도록 하는 제도다. 이는 평생교육기관과 교육프로그램을 중심으로 지원하는 방식에서 학습자에게 지원하는 방식으로 전환하여 학습자, 수요자 중심의 평생학습 시스템을 갖추는 것을 의미한다. 바우처제도는 기존의 교육계좌제, 학점은행제 등과 연계하여 학력을 인정할 수 있도록 해야 한다.

셋째, 성인들이 안정적으로 직장을 떠나 학습할 수 있는 시스템을 제도화하는 것도 필요하다. 학습 지원을 위한 제도의 수혜자가 선진국에서는 중상층이 대부분이어서 비문해자와 저소득층에 대한 별도의 대책이 요구된다. 따라서 평생학습 예산은 이 부문에 지출되게 할 필요가 있다. 이를 통하여 생애단계별 학습-노동-여가의 순환형 평생학습 시스템을 갖추도록 한다. 생애단계별로 순차적으로 일어나는 순환교육(recurrent education)은 고령사회 및 지식기반사회의 진입, 일자리와 인력의 불일치(mismatch) 등을 해소하는 방편이다.

넷째, 세계 최저의 출산율과 급격한 고령화에 따라 노인교육을 강화하기 위하여 정규 대학에서 노인대학을 설치 · 운영하고 여기서 양성된 인력을 사회적 일자리로 활용하도록 한다. 이와 같은 모델은 프랑스와 영국 등에서 시작하여 세계적으로 확산되고 있는 U3A(Third Age University)가 대표적이다. U3A는 60세 이상의 퇴직자를 대상으로 저비용 양질의 무형식 학습기회를 제공하여 평생학습을 증진, 실천하고자 하는 '지적 민주주의(Intellectual Democracy)' 운동으로 전세계 수백만 명이 등록되어 활동 중인 세계적인 운동이다.

다섯째, 성인교육기관을 생활권 단위로 설치하여 학습의 접근성을 확보한다. 교육인적자원부에서 지역단위로 지정하는 평생교육기관으로서의 평생학습관은 기존의 도서관에 평생교육의 기능을 부과한 것에 불과하다. 따라서 미국의 커뮤니티 칼리지나 북유럽의 시민대학(Folk High School), 일본의 공민관과 같이 성인이 원하는 시기에 직장에서 학교로 돌아와 자기계발을 할 수 있는 이른바 직업에서 학교로의 원활한 이행(Work to School) 시스템을 구축하는 것이 필요하다. 이를 위하여 학교시설과 교육프로그램을 지역 주민에게 개방하고 주민자치센터의 학습프로그램을 업그레이드하여 실질적인 능력계발을 도모한다.

여섯째, 성인의 시민교육은 사회적 간접비용을 감소시키는 효과가 있으므로 시민교육을 실시하는 평생교육기관이나 NGO의 교육활동을 적극적으로 지원할 필요가 있다. 무엇보다도 평생학습의 참여율 제고는 선진복지국가를 이룩하는 데 필수적이므로 평생학습 진흥을 위한 특단의 행 · 재정적 지원을 포함한 통합시스템 구축이 필요하다.

참고문헌

대통령 자문 교육인적자원정책위원회(2002). 21세기 지식강국을 주도할 국가 인적자원개발 정책보고서. 교육인적자원정책위원회.

이병희 외(2006). **평생학습과 노동시장 연구**. 한국노동연구원.

이지혜 외(2004). **교육 취약계층을 위한 평생교육 지원방안 연구**. 한국교육개발원.

이희수 외(2001). **한국 성인의 문해실태에 관한 OECD 국제 비교 조사연구**. 한국교육개발원.

최돈민(2002). 인적자원개발 정책의 국제 비교 분석. **비교교육연구**, 12(2), 65-92.

______(2003). 학습권 보장을 위한 평생교육 인프라 구축. **참여정부의 평생교육 정책 탐색**. 제21차 KEDI 정책 포럼. 한국교육개발원.

______(2005). 성인의 학습수준 국제 비교 분석: OECD 국가를 중심으로. **비교교육연구**, 16(4), 247-273.

______(2007). 생애학습능력 국제 비교 분석. **비교교육연구**, 17(1), 145-165.

최돈민, 양흥권, 이세정(2005). **한국 성인의 평생학습 참여 실태 조사**. 한국교육개발원.

최운실 외(2005). **평생교육 발전모델 구상 및 정책개발**. 한국교육개발원.

통계청(1996, 2000, 2004). **한국 사회통계조사**. 통계청.

Jenkins, A., Vignoles, A., & Galindo-rueda, F. (2002). *The determinants and effects of lifelong learning*. London: London School of Economics and Political Science.

OECD & Statistics Canada. (1995). *Literacy, economy and society: Results of the first international adult literacy survey*. Paris: Author.

OECD and HRD CANADA. (1997). *Literacy skills for the knowledge society: Further results from the international adult literacy survey*. Paris:

Author.

OECD. (2001b). *Education policy analysis 2001*. Paris: Author.

OECD. (2003). *Education policy analysis 2003*. Paris: Author.

OECD. (2004). Policy brief: Lifelong learning. *OECD Observer*, February 2004.

OECD. (2005). Promoting Adult Learning.

OECD. (2005). Learning a living: First results of the adult literacy and life skills survey.

Sherraden, M. (2001). asset-building policy and programs for the poor. In T. Shapiro & E. Wolff (Eds.). *Assets for the poor: The benefits of spreading asset ownership*. New York: Russell Sage Foundation.

UNESCO. (1996). *Learning: The treasure within*. Paris: UNESCO, 1996.

World Bank. (2003). *Lifelong learning in the global knowledge economy: Challenges for developing countries*. Washington, DC: Author.

제3장 함께 하는 특수교육

21세기 사회는 다양화, 다원화된 사회로 인간은 누구나 언제, 어디서나 자신이 원하는 교육을 쉽게 받을 수 있어야 한다. 특수교육을 요구하는 학생들은 출생에서부터 사망에 이르기까지 생애 전 과정을 통해 일반 학생들과 똑같이 교육을 받아 자아를 실현하고 국가와 사회에 기여하면서 시민의 한 구성원으로서 행복한 삶을 누릴 수 있는 시대가 되어야 한다. 앞으로의 특수교육은 지금과는 달리 특수교육을 요구하는 모든 학생들의 교육권과 학습권이 존중되고, 일반교육과 특수교육의 협력의 증가가 있어야 한다. 뿐만 아니라 특수교육의 전문성이 더욱 강화되고 특수교육에 대한 지원이 더욱 확대되어 특수교육을 요구하는 모든 학생들이 일반 학생들과 구분됨이 없이 적절한 교육을 평생 보장받을 수 있어야 한다.

따라서 장애 학생들도 비장애 학생들과 동등한 권리와 꿈을 지닌 존재로서 그들이 태어나고 자란 가정에서 부모형제들과 함께 생활하면서 이웃의 또래들과 어울려 놀고, 동네학교에 다니면서 요구에 적합한 교육을 받아야 한다. 이런 권리를 보장하는 것이 바로 장애 학생들을 비장애 학생들과 동일한 환경에 배치하여 교육을 제공하는 통합교육(inclusion education)이다. 그러나 통합교육을 실현하기에는 우리의 여건이 너무나 열악하다. 일반학교에서 장애 학생들과 통합을 하는데 필요한 교육환경의 미비, 일반 학생들과 학부모들의 장애 학생에 대한 그릇된 인식, 입시위주의 학교교육 등 통합교육을 실천하기에는 많은 걸림돌들이 현존하고 있다.

지난 2007년 3월 6일에 '장애인차별금지 및 권리구제에 관한 법률'(이하 장차법)이, 그리고 4월 30일에는 '장애인 등에 대한 특수교육법'(이하 장애인특수교육법)이 국회 본회의를 통과했다. 이 두 법이 통과됨으로써 장애 학생들의 특수교육에 대한 합당한 요구가 더욱 거세질 것이므로 국가나 지방자치단체는 장애인교육 인프라의 양적 확충과 획기적인 질적 서비스 향상을 꾀하기 위한 준비를 철저히 해야 할 것이다.

1. 특수교육의 현황

장애 학생들을 위한 특수교육의 이해를 돕기 위해 주로 중증장애 학생들이 많이 다니는 특수학교의 현황과 가벼운 장애 학생들이 주류를 이루고 있는 일반학교의 특수학급 현황 그리고 완전 통합교육을 추구하기 위해 일반학교의 일반학교에 재학하고 있는 장애 학생의 현황을 알아보고자 한다.

1) 특수학교 현황

2006년 4월 기준 전국 143개의 특수학교에서 23,291명의 특수교육대상 학생이 특수교육을 받고 있으며 유치원 과정에 1,114명, 초등학교 과정에 8,203명, 중학교 과정에 6,246명 그리고 고등학교 과정에 7,728명이 재학 중이다. 특수학교에서 특수교육을 담당하고 있는 교원은 국·공립 교원이 2,901명, 사립 교원이 3,010명으로 모두 5,911명이다. 설립별로는 국립 5개교, 공립 49개교, 사립 89개교로 사립이 전체 특수학교의 62%를 차지하고 있지만 특수학교에 재학 중인 학생들은 모두 무상교육을 받고 있고 사립학교 교원의 인건비를 비롯한 학교운영비 모두를 정부에서 제공해 줌으로써 국·공립과 다를 바가 없다. 구체적인 특수학교 현황은 [표 3-1]과 같다.

[표 3-1] 특수학교 현황

(2006. 4. 1. 기준)

설립별	학교 수	학급 수	학생 수	교원 수
국 립	5	172	1,103	328
공 립	49	1,374	9,894	2,573
사 립	89	1,620	12,294	3,010
계	143	3,166	23,291	5,911

* 출처: 교육인적자원부(2006). 특수교육연차보고서.

2) 일반학교의 특수학급 현황

전국 4,171개의 유 · 초 · 중 · 고등학교에 설치된 5,204개 특수학급에서 32,506명의 특수교육 대상 학생이 특수교육을 받고 있으며, 특수학급에서 특수교육을 담당하고 있는 교원은 5,348명이다. 학교 과정별로 보면 초등학교의 특수학급이 3,645학급으로 가장 많고, 다음이 중학교 986학급, 고등학교가 422학급, 유치원이 151학급 순이다. 초등학교에 비해 중등학교의 특수학급 수가 적은 것이 문제점으로 지적되고 있다. 특수학급에 재학 중인 학생 수는 32,506명으로 특수학교에 재학 중인 23,291명보다 훨씬 많다. 몇 년 전만 하더라도 특수학교에 재학 중인 학생 수가 많았는데 통합교육의 바람을 타고 많은 학생들이 특수학교에서 일반학교의 특수학급으로 자리를 옮긴 것이다. 특수학급의 구체적인 현황은 아래의 [표 3-2]와 같다.

[표 3-2] 일반학교의 특수학급 현황

(2006. 4. 1. 기준)

과정별	학교 수	학급 수	학생 수	교사 수
유 치 원	130	151	538	151
초등학교	2,930	3,645	21,700	3,645
중 학 교	831	986	6,598	1,046
고등학교	280	422	3,670	506
계	4,171	5,204	32,506	5,348

* 출처: 교육인적자원부(2006). 특수교육연차보고서.

3) 일반학급 배치 현황

장애 학생들의 교육이 통합교육 형태로 전환된 이후로 교육 현장에서의 가장 큰 변화는 장애 학생들이 일반학급에 배치된다는 것이다. 일반학급에 배치된 장애 학생들에게 적절한 지원을 해주지 않아 아직은 많은 문제가 있긴 하지만 바람직한 변화라고 할 수 있겠다. 전국 3,347개 유·초·중·고등학교의 5,763개 일반학급에서 6,741명의 특수교육 대상 학생이 교육을 받고 있으며, 특수학급 수가 적은 중학교와 고등학교의 장애 학생들이 일반학급에 배치되어 있는 것이 주목할 만하다. 학교별 특수교육 대상 학생의 일반학급 배치 현황을 살펴보면 [표 3-3]과 같다.

[표 3-3] 특수교육 대상 학생의 일반학급 배치 현황

(2006. 4. 1. 기준)

구 분	학교 수	학급 수	학생 수
유 치 원	1,013	1,270	1,591
초등학교	1,072	2,075	2,360
중 학 교	520	885	1,128
고등학교	742	1,533	1,662
계	3,347	5,763	6,741

* 출처: 교육인적자원부(2006). 특수교육연차보고서.

2. 특수교육의 문제점

우리나라 특수교육은 최근 들어 급진적인 발전을 하였다고는 하나 아직도 많은 문제점을 내포하고 있다. 여기서는 장애 학생들의 학교교육과 일반 학생들과의 통합교육, 교수-학습 여건, 교원의 책무성 및 전문성 그리고 특수교육 전달 및 지원 체제를 중심으로 그 문제점을 지적해 보고자 한다.

1) 학교교육의 기회 부족과 통합교육 미흡

지난 2006년 특수교육원에서 만 3~17세의 학령기 아동들을 대상으로 조사 연구한 특수교육 요구학생은 96,792명으로 나타났다. 특수교육기관에서 교육을 받고 있는 학생이 62,903명, 일반학교에 다니면서 특별 지원을 기다리고 있는 학생이 16,468명, 그리고 그 나머지 19,421명은 취학의무 유예아동이다. 취학의무 유예아동 중 심한 장애아동이 5,151명, 장기 질병이 3,589명, 보육시설 입소 아동이 8,681명인 것으로 추정하고 있다(박성우 외, 2006). 특수교육의 당면과제는 장애 학생의 교육기회 완전 보장과 통합교육이다. 법적인 보장이 되어 있음에도 불구하고 장애 학생들은 아직 완전한 교육기회를 누리지 못하고 있다. 정책을 입안해 정부 내에서 조차 지지를 얻지 못해 충분한 예산과 실질적인 변화를 제대로 이끌어내지 못하는 것이다. 그 결과 장애 학생들은 통합교육을 희망하여 일반학교에 입학한다 해도 물리적 시설은 물론 교사와 학교 경영자, 동료 학생과 학부모 등 이중 삼중의 장벽에 고립되어 결국 더 큰 분리와 곤란을 겪게 된다(윤점룡 외, 2005a).

2) 교수-학습 여건의 미비

특수교육 대상 학생의 정보격차를 해소하는 데 필요한 다양한 정보매체 및 장애를 보상하는 여러 가지 지원공학기구와 건물의 시설·설비, 효과적인 학습을 촉진할 교수-학습 자료가 부족한 실정이다. 그리고 교육 내용과 방법에서는 개별 학생에게 적합한 교육 내용을 선정하기 위한 교육과정 자료의 구비가 미흡하고 지역사회의 다양한 자원을 교육프로그램에 활용한다든지 직업환경에서 현장중심의 직업교육은 이루어지지 못하고 있다. 또한 학교 교육과정 운영을 위한 적절한 지침이나 연수 등도 부족하고, 특수교육 대상 학생의 진로·직업·전환교육 및 관련서비스에 대한 지원의 부족으로 바람직한 교육성과를 제대로 거두지 못하고 있다.

3) 교원의 책무성 및 전문성 부족

특수교육을 실천하는 데 있어 어려움 중에 하나는 일반 교사들의 장애 학생에 대한 이해 부족, 전문지식 부족을 들 수 있다. 교사의 태도는 통합교육을 성공으로 이끄는 가장 중요하고 우선적인 요인이다. 일반 학생과 장애 학생이 함께 배울 수 있도록 적합한 교수법을 수행하고, 인성적 측면의 원만한 인간관계 유지 등에 관한 교사의 태도가 다른 어떤 행정적인 지원이나 교육과정과 관련된 지식 및 기술,

전략보다 통합교육의 성공을 결정짓는 중요한 요인이다. 일반교육 교사들은 사범대학이나 교육대학 양성과정에서 특수교육 관련 과목을 이수하지 못하고 졸업하는 경우가 허다하며 학교에 발령을 받은 후에도 특수교육 관련 연수를 받을 기회가 매우 한정되어 있다. 또한 특수교육 교사들은 일반 교사들을 대상으로 하는 연수과정에의 참여 기회도 보장되어 있지 않을 뿐 아니라 특수교육 연수를 이수하고자 하여도 연수 기회를 제공받을 수 없는 형편이다.

4) 특수교육 전달 및 지원 체제 미흡

지역사회에서 장애 학생들에게 적절한 교육서비스를 하고 통합교육을 신장시키기 위해서는 '특수교육 지원센터'가 제대로 가동되어야 한다. 특수교육 지원센터는 이미 전국 182개 지역교육청 단위에 187개가 설치되어 있는 것으로 보고되고 있다(교육인적자원부, 2006). 특수교육 지원센터는 장애 학생의 교육적 진단과 평가, 배치는 물론 특수교육 상담 치료교육, 통합교육 등 지역 내 특수교육 지원의 중심센터를 지향하고 있다. 그러나 이러한 구도가 아직은 현실화되고 있지 못하다. 인력 배치나 운영비 지원이 제대로 뒤따르지 않고 있기 때문이다(이미선 외, 2005). 그리고 국민의 교육·복지에 대한 인식의 증대로 특수교육에 대한 지원 요구는 증대되고 있으나, 그만큼 충분한 지원은 이루어지지 않고 있으며 교육인적자원부 예산대비 특수교육비 비율은 3.6%에 불과하다(교육인적자원부(2006), 특수교육 연차보고서).

3. 특수교육의 개선방안

특수교육 대상 학생의 교육 기회를 완전 보장하고 '특수교육 지원센터'의 활성화로 특수교육의 전국적 균형 발전을 도모하여 장애 학생이 일반 학생과 동등한 학교 및 사회 공동체 구성원으로서의 역할을 수행토록 한다. 이와 같은 특수교육의 강화와 내실화를 통해 학생의 다양성을 존중하고 권리를 보장하여 일반교육과 특수교육의 책무성 공유에 의한 모든 학생의 교육성과를 최대화해야 한다.

2007년 4월 30일 국회에서 통과된 '장애인특수교육법'의 영향으로 특수교육 발전에 많은 변화가 예상되며 앞으로 시행령과 시행규칙에서 구체적인 내용들이 결정될 것이다. 여기서는 우리나라 특수교육 전반에 대한 개선과제를 통합교육 환경에서의 학교교육 기회 보장, 특수교육의 질적 제고, 교원의 전문성 제고, 특수교육 행정 및 재정 지원의 확대 순으로 제시하고자 한다.

1) 통합교육 환경에서의 학교교육 기회 보장

(1) 유아 특수교육 완전 의무교육 실현

이제 만 3세부터 초등학교 취학 이전의 장애 유아에 대한 의무교육 시대가 열렸다. 게다가 만 3세 미만의 장애 영아들의 교육도 무상교육이 된다. 그리고 장애인특수교육법에서는 '의무교육 및 무상교육에 드는 비용은 대통령령이 정하는 바에 따라 국가 및 지방자치단체가 부담한다'로 되어 있다. 그리고 이 법 제14조에 장애의 조기발견을 위해 해당 지역 내 보건소와 병 · 의원에서 선별검사를 무상으로 실시하도록 하였다. 장애 유아들의 무상교육이 확실하게 이루어질 수 있도록 예산 확보와 관계 부처 간에 협력을 강구해야 할 것이다.

(2) 일반학교 내에 특수학급 증대

통합교육의 기반 조성을 위해서 시 · 군 · 구 지역교육청별로 특수교육 요구 학생들의 수요에 맞추어 유치원, 초등학교, 중학교, 고등학교에 특수학급을 증대하도록 해야 한다. 그리고 특수학교는 운영형태를 전환하여 특수학급과의 기능을 차별화해서 중증 · 중복장애 학생들의 교육에 치중하고 지역사회의 특수교육 및 장애인 문화센터의 역할을 담당할 수 있어야 한다.

(3) 일반학교에 통합교육 지원을 위한 특수교육 교사 배치 확대

장애인특수교육법 제27조에 의하면 특수학급을 유치원 과정의 경우는 4인 초과 2학급, 초등 · 중학교는 6인 초과 2학급, 고등학교는 7인 초과 2학급 이상을 설치하도록 되어 있다. 이 학급에 배치될 교사 확보도 주요 과제일 것이다. 그리고 일반 교육기관에 특수학급이 없더라도 재학 중인 특수교육 요구 학생에게 특수교육 제공의 확대를 위해 전문성을 갖춘 교사를 배치하되 초등학교부터 연차적으로 중 · 고등학교로 확대해야 한다.

(4) 장애인 고등교육 기회 확대

장애인특수교육법 제29조와 제30조에서는 대학의 장은 대학이 장애 학생 지원을 위해 '특별지원위원회'와 '장애 학생 지원센터'를 설치 · 운영하도록 하였다. 뿐만 아니라 각종 학습보조기기 및 보조공학기기 등의 물적 지원과 교육 보조인력 배치 등의 인적 지원을 강구하고 제공하도록 하고 있다. 그리고 제34조에서는 국가 및 지방자치단체는 학령기를 지난 장애인을 위해 학교교육 형태의 교육 내용을 제공하는 '장애인 평생교육시설'을 설치 · 운영할 수 있도록 규정하고 있다. 이 법에서 규정한 대로 장애인들이 대학에서 불편 없이 학업에 정진할 수 있도록 조치를 취해야 하며, 장애인들의 평생교육 기회 확대를 위해 별도의 장애인 평생교육과정을 설치 · 운영해야 할 것이다. 그리고 우수한 장애 학생들이 정규 대학에서 수학할 수 있는 기회의 폭을 넓혀주기 위해 2002년 개교된 한국재활복지대학(전문대 과정)을 4년제로 승격하는 것도 검토가 필요하다.

2) 특수교육의 질적 제고

(1) 유아 특수교육의 지원 확대

0~2세 장애위험 영아에 대한 무상교육과 3세 이상 발달지체 유아에 대한 의무교육의 실시로 3세 미만 보육시설에 교사 및 교육프로그램을 지원해야 하고, 유아 특수교육을 담당하게 될 교육기관(유치원, 어린이집, 특수학교, 사설 조기교육실 등)에 치료교육 교사를 배치하거나 특수교육 지원센터로부터 순회서비스로 치료교육을 받을 수 있도록 한다.

출생 이후 장애위험 상태가 확인된 영아의 경우 보건소에서는 의료적 처치를 해야 하고, 이와 동시에 교육기관에서는 교육적 중재를 해야 한다. 각 보건소장은 의료기관에서 보고된 미숙아 등(저체중아, 선천성 이상아 포함)에 대한 출생보고(모자보건법 제8조 제4항)를 특수교육 지원센터에 보고하도록 하고, 특수교육 지원센터에서는 보고된 미숙아 등에 대하여 교육 중재 관련사항(지원 형태, 교육기관, 프로그램 등)을 결정한다. 선정과 배치를 위한 표준화 검사 도구의 개발과 대상 유아의 양육자를 진단배치위원에 포함하여 교육기관 배치 결정에 양육자의 의견을 반영토록 하며, 특히 교육인적자원부와 보건복지부 그리고 여성가족부의 부처 간 협력체제 구축이 요청된다.

(2) 교수-학습 여건 개선

통합교육의 적합한 실행을 위하여 모든 교육기관에 편의시설 설치를 의무화하고, 특수교육 요구 학생을 위한 교육시설과 설비를 확충한다. 장애 학생을 위한 다양한 교육과정을 개발하되 통합교육 관련 교육과정 개발 연구에는 일반교육 전문가의 연구 참여를 적극 권장하는 것이 바람직하다.

국립특수교육원 내에 특수교육 교수-학습자료 개발센터를 설치하여 다양한 특수교육 교육과정 및 교수-학습자료를 개발하고 체계적인 교수-학습자료 관리 및 교육현장에서의 활용을 촉진하고 각종 연구 프로젝트 및 대회 입상 등을 통해 개발 및 선정된 교수-학습자료를 특수교육 교수-학습자료 센터에서 데이터베이스(DB)화하여 관리하도록 제도적 장치를 마련한다.

(3) 특수교육 대상 학생 직업 및 전환교육 강화

장애 학생들의 진로 · 직업적성과 요구 및 선호의 평가를 통해 학교생활에서 성인생활로의 효과적인 전환 계획 수립 · 시행의 효율화를 도모하고, 학교에서 취업과 대학 진학, 지역사회 참여로의 전환을 촉진시켜야 한다. 고등학교 1학년 때 장애 학생들을 대상으로 진로 · 직업적성과 요구 및 선호 평가를 시행토록 한 후에 2학년부터 개별화 전환교육의 계획 수립과 시행을 하는 것이 바람직하다. 그리고 장애 학생의 진로, 직업 및 전환교육 지원을 위한 지역사회 관련기관들 간의 네트워크 구축과 운영을 통해 장애 학생들이 학교생활에서 성인생활로의 변화에 성공적으로 적응할 수 있도록 지원해야 한다.

직업교육 차원에서는 지역사회 중심의 실제 직업환경에서 선 배치 후 훈련 모델을 적용해서 직업교육을 실시하고, 지역사회 사업체와 연계하여 발달장애 학생들의 지원고용 중심의 직업교육을 강화하고 지원고용에서 교수를 위한 직무지도원(job coach)을 배치하는 방안도 필요하다.

3) 교원의 전문성 제고

(1) 특수교육 및 일반 교사의 연수기회 확대와 전문성 강화

일반학교 교원들의 자격 연수와 직무 연수 등 연수 과정에 특수교육 강좌 개설을 권장하도록 하고 일반 유 · 초 · 중등학교 교원 및 학교 관리자에 대한 특수교육 연수를 적극적으로 확대해야 한다.

일반학교의 통합학급 교사의 자격요건을 최소 60시간 이상 특수교육 연수를 이수한 교사나 대학원에서 특수교육을 전공한 자로 하며 교육인적자원부에서는 모든 일반유치원과 일반학교에 '통합학급 교사의 역할과 의무'에 대한 세부지침을 제작하여 전달토록 한다. 그리고 대학의 교육학 관련학과 및 교사양성 교육과정에서 특수교육 관련 과목들을 필수과목으로 제도화하고 정기적인 교육행정가, 교육전문직 및 교사 재교육과정에 특수교육 강좌를 개설토록 한다. 특수교육 교사의 전문성을 높이기 위해 특수교육 교사자격증 부여를 위한 국가고시제도를 도입하고 특수교육 교사양성대학은 표준 교육과정을 운영하도록 유도한다. 그리고 양질의 치료교사 양성을 위한 대학원 과정의 운영을 확대하고 학부에서는 전공 치료영역의 학점을 확대한다.

(2) 통합교육 관련 수행능력 강화

일반 교원 양성과정(사범대학, 교원대학, 교육대학 및 교사자격증을 수여하는 교육대학원 과정)에서 1과목 이상의 특수교육 강좌를 필수화하고, 교사자격증 취득요건에 반영토록 한다. 그리고 특수교육 교사를 양성하는 대학이나 대학원에서는 '통합교육'과 관련되는 과목을 반드시 이수토록 하고 특수 교사 취득을 위한 요건으로도 명시한다. 특수교육 교사자격증을 수여하는 교육대학원은 교수 대 학생 비율을 적절히 맞추고, 특수교육 전공 전임교원을 의무적으로 확보하도록 하며, 특수교육 교사자격증을 취득하는 전국의 모든 교육대학원 및 특수교육대학원 과정 중 특수교육기관에서의 교육실습을 의무화하도록 한다.

(3) 특수교육 교사와 일반 교사의 공유된 전문성 증진

대학의 교사 양성 교육과정에서 다양한 교육적 욕구를 지닌 학생을 교수할 교사의 전문적 교수 수행능력 취득을 강조하고 각종 교육과정 개발, 교육자료, 교사용 지침서 등의 개발 시에 일반교육 전문가와 특수교육 전문가의 공동 참여를 강조한다. 그리고 모든 교원연수프로그램에 일반교육 전문가와 특수교육 전문가의 협력을 통한 구체적인 협력 교수의 구체적 방안을 제시하고 교육을 하도록 한다.

4) 특수교육 행정 및 재정 지원의 확대

(1) 특수교육 지원센터 설치 확대 및 운영의 활성화

장애인특수교육법 제12조에서 교육감은 하급 교육행정기관에 특수교육 대상자의 조기 발견, 특수교육 대상자의 진단 · 평가, 정보관리, 특수교육 연수, 교수 · 학습활동의 지원, 관련서비스 지원, 순회교육 등을 담당하는 특수교육 지원센터를 설치 · 운영하도록 했다. 따라서 특수교육 대상 아동을 진단 · 평가하고, 부모 상담을 통해 적절한 교육을 알선하며, 지역사회 구성원으로 성장할 수 있도록 생애 단계별로 지원하는 기능을 수행한다. 특수교육 지원센터의 활성화를 위해서는 국립 특수교육원과 전국 특수교육 지원센터를 연계하여 상시 서비스 지원시스템을 구축하고, 특수교육과가 설치되어 있는 대학이나 대학원과 전국 특수교육 지원센터를 연계하여 협력하는 방안을 강구할 수도 있을 것이다.

(2) 특수교육 재정의 안정적 투자 체제 확립

2007년 상반기에 공포된 장차법과 장애인특수교육법으로 인해 장애 학생들을 위한 특수교육비의 예산은 당초 계획보다 훨씬 더 많이 소요될 것이다. 이러한 예산을 확보하기 위해서 정부와 국회는 '특수교육환경개선특별회계법'을 마련하는 등 재원 확보 방안을 마련해야 할 것이다. 장애 학생의 적합한 교육 제공 지원을 위해 관련 부처들이 비용을 분담하여 지원하되, 교육인적자원부는 장애 학생의 교육비를, 보건복지부는 장애 학생 진단, 평가 및 보조도구 지원 비용을, 노동부는 장애 학생의 직업교육과 관련되는 비용을, 그리고 여성가족부는 장애 영유아의 보육을 위한 비용을 담당하는 방식을 고려해 볼 수 있다. 그리고 정부가 특수교육 재정에 정책적으로 관심을 가져 국고예산을 점진적으로 확대하고, 교육인적자원부 예산대비 특수교육비를 2006년 3.6% 수준(교육인적자원부, 2006)에서 앞으로는 4.0%까지 확보하도록 노력해야 할 것이다. 그리고 시 · 도교육청 평가 시 특수교육 예산 정도의 평점을 상향 조정하고 특수교육 예산 투자가 우수한 지방자치단체에 국고지원을 확대해 주는 방안도 고려해 봄직하다.

(3) 장애에 대한 인식 개선을 위한 지원 확대

유치원과 각급 학교의 연간 학교운영계획서에 해당 교육기관의 기본 교육 방향 속에 통합교육에 대한 내용을 포함시키도록 권장한다. 그리고 장애인과 특수교육에 대한 일반시민의 긍정적 인식을 고양시키고 장애에 대한 이해 증진과 편견을 불식하기 위한 공익광고를 제작하여 방영하고, 모든 공공기관 및 시설에 장애인 이용자를 위한 이용책자를 제작하여 배부한다.

참고문헌

관계부처합동(2003). 제2차 장애인복지발전5개년계획. 서울: 국무조정실, 보건복지부, 교육인적자원부, 노동부, 정보통신부, 건설교통부 등.

교육인적자원부(2006). 특수교육 연차보고서-2006년 정기국회 보고자료. 서울: 교육인적자원부.

국회(2007). 장애인차별금지 및 권리구제 등에 관한 법률.

국회(2007). 장애인 등에 대한 특수교육법.

박성우 외(2006). 특수교육 요구 학생 실태조사. 안산: 국립특수교육원.

박원희(2007). 장애인 등에 대한 특수교육법률에 대한 검토의견. 미 간행자료.

윤점룡 외(2005a). 장애 학생의 이해와 교육. 서울: 학지사.

윤점룡 외(2005b). 학령기 장애 아동 통합교육 현황 실태조사. 2005년도 인권상황 실태조사 연구용역 보고서. 서울: 국가인권위원회.

이미선 외(2005). 특수교육 지원센터 운영방안 연구. 안산: 국립특수교육원.

제4장 타고난 재능을 살려주는 영재교육

21세기는 지식을 기반으로 하는 정보화 사회이므로 창의적인 고급 두뇌의 발굴과 육성이 매우 중요하다. 이러한 사실에 근거하여 세계 여러 나라들은 오래전부터 영재교육을 실시해 오고 있다. 우리나라의 경우는 영재교육의 필요성을 크게 개인적 · 교육적 · 국가적 차원의 세 가지 측면으로 나누어 살펴볼 수 있다.

첫째, 개인적 측면에서 자신의 능력과 소질에 적합한 교육을 받아서 잠재능력을 최대한 계발하고, 이를 통해서 자아를 실현하고 행복한 생활을 영위할 수 있도록 하는 것이다.

둘째, 교육적 차원에서의 영재교육은 개개인의 능력과 소질을 극대화시킬 수 있도록 적절한 학습 내용과 활동을 제공하는 것인데, 이는 곧 교육이 지향하는 방향이며 원리이다.

셋째, 국가적 차원에서 영재교육을 실시하는 이유를 살펴보면 고급 두뇌의 발굴 및 육성을 통한 과학기술, 문화, 경제, 안보 등 사회 전반에서의 국가경쟁력 강화이다.

현재 우리나라는 사회의 발전을 이끌어 갈 영재들을 길러내는 데 필요한 영재교육을 받고 있는 학생의 비율이 선진국에 비해 매우 낮은 편이며 영재교육 대상자의 80% 이상이 수학 · 과학 분야에 치우쳐 있어서 균형 있는 사회발전을 위해서는 더욱 더 다양한 분야에서의 영재교육이 필요하다.

우리나라 영재교육진흥법에 의하여 개설되는 영재교육은 영재학교, 영재학급, 그리고 영재교육원으로 구분하여 생각할 수 있다. 각 기관에 따라 1년 동안 영재교육을 제공하는 시간은 100~480시간 정도까지 다양하고 교육 형태도 다르다. 일례로 영재학습을 받는 시간을 보면 방과 후, 주말, 방학 혹은 특별활동 등 각기 다른 시간을 이용한다는 것이다.

또 하나의 문제점으로 지적될 수 있는 것은 영재교육을 따로 전공하거나 지도방법을 교육받은 교사들을 확보하기 어렵다는 점이다. 그래서 같은 과목이나 같은 학년에서 받는 영재교육의 내용과 수준에도 차이가 있다.

영재교육법이 제정되어 이를 바탕으로 발돋움해야 할 현재 우리나라의 영재교육은 양적 · 질적 측면에서 모두 취약하여 개선되어야 할 부분이 많다. 영재교육을 실시하는 시기, 영재교육 대상자의 비율, 영재교육 분야, 영재교육을 담당하는 교사의 전문성 그리고 영재교육기관 간의 연계성 등은 영재아들의 개개인뿐만 아니라 국가의 발전을 위해서도 반드시 개선되어야 할 문제로 지적되고 있다.

1. 영재교육의 현황과 주요 문제점

1) 영재교육 내용의 현황과 문제점

(1) 영재교육 실시 시기

최근 뇌 관련 연구결과들을 보면 모두 영·유아기, 심지어 태내기에서부터 뇌 발달이 이루어지며 이 중요한 시기에 적절한 자극을 제공하는 것이 앞으로의 인생을 결정지을 수 있음을 지적하고 있다. 그러나 세계적으로 진행되는 영유아기부터의 영재에 대한 관심과 교육에 비해 우리나라 영재교육은 한참 뒤처져 빨라야 초등학교 4학년부터 시작된다. 그러나 이 시기는 이미 세상에 대한 호기심, 자신감, 성취감, 그리고 학습습관이나 학습태도 등이 자리 잡은 후로, 타 국가의 영재들에 비해 잠재적인 능력을 발달시킬 수 있는 질적·양적인 기회를 놓쳤다고도 할 수 있다. 아동은 세상에 대한 호기심과 원리를 깨우치기 시작하는 시기부터 자신의 잠재력에 적합한 교육을 받을 권리가 있다. 그러므로 영재교육의 시작 시기는 앞당겨져야 한다.

(2) 영재교육 대상자의 비율

우리나라는 2000년 1월 영재교육진흥법이 공포된 후 2002년부터 공교육제도 내에서 영재교육을 시작하였으며, 2006년 6월을 기준으로 현재 전체 학생의 약 0.5%에 해당하는 학생들이 영재교육을 받고 있다. 그러나 이는 세계 여러 나라들의 영재교육 비율에 비하여 매우 낮은 편이다([표 4-1] 참조).

[표 4-1] 세계 영재교육 대상자 비율

국가	미국	영국	이스라엘	싱가포르	호주	대만	러시아
비율	1~30%	10%	5%	3%	10%	1%	1%

* 출처: 한국교육개발원 통계자료(2007).

위와 같이 세계 여러 나라들의 영재교육 대상자의 비율이 1~30%까지인 것을 감안한다면 영재교육의 대상자를 늘려야 한다는 것을 인지할 수 있을 것이다.

(3) 영재교육 분야

우리나라는 1980년대 이후 과학에 편중된 영재교육을 국가적으로 실시해왔다. 이것은 상대적으로 다른 분야에서의 영재교육을 소홀하게 만들었다. 과학 분야의 경우 과학영재 고등학교, 대학부설 과학영재 교육센터, 과학고등학교, 한국과학기술원, 고등과학원 등으로 적어도 제도적으로는 연계성과 체계를 갖추고 있다. 그러나 인문사회 영역에서는 외국어 고등학교만 있을 뿐 상하급의 영재교육기관이 별도로 운영되고 있지 않다. 영재교육 수혜자들 중의 80% 이상의 학생이 수학, 과학 과목에 치중되어 있으며 발명, 정보과학을 포함하면 90% 이상이 과학 분야를 택하고 있다. 건강한 사회는 다양한 구성원들이 각자의 역할을 담당할 때 만들어진다. 따라서 다양한 분야에서 영재들에게 교육의 기회를 확대하고 제공하여 각자 자신에게 알맞은 진로를 선택하고 교육받을 수 있도록 해야 한다.

한국교육개발원 2006년 자료에 의하면 분야별 영재학생 수는 [표 4-2]와 같다.

[표 4-2] 학교급별 및 분야별 영재학생 수

구분	수학	과학	수학 과학	발명	정보 과학	언어	예술	체육	인문 사회	그 외	소계	비율
초등	4,635	4,137	6,451	347	1,269	375	160	57	0	183	17,614	46.80%
중	4,261	5,912	4,536	260	1,263	767	498	44	75	268	17,884	47.51%
고	454	1,070	130	0	94	117	276	0	0	0	2,141	5.69%
소계	9,350	11,119	11,117	607	2,626	1,259	934	101	75	451	37,639	100.0%
비율	24.9%	29.5%	29.5%	1.6%	7.0%	3.3%	2.5%	0.3%	0.2%	1.2%		-

* 출처: 한국교육개발원. 2006년 1, 2월 뉴스레터.

현재 우리나라에서 실시되고 있는 영재교육은 다음과 같이 교육 유형별로 정리해 볼 수 있다. 우리나라에는 영재고등학교, 시·도교육청에서 운영하고 있는 영재학급과 영재교육원, 그리고 대학부설 과학영재교육원이 있고, 교육 내용은 과학과 수학에 치중하고 있음을 알 수 있다.

① 영재학교: 현재 우리나라에는 부산에 한국과학영재학교 1개교가 운영되고 있다. 영재교육진흥법에 의거하여 2003년부터 매해 144명의 신입생을 뽑아서 교육하고 있다. 학생들은 3단계 선발방법(학생기록물 평가, 창의적 문제해결력 검사, 과학캠프 면접평가)을 통하여 다양한 측면에서 평가받는다. 교과과정은 교과, 특별활동, 연구활동으로 구성된 졸업학점제(170학점)를 도입했다.

② 영재학급: 2006년 10월 기준으로 전국 16개 시·도교육청에서 설치·운영되는 영재학급은 312학급으로서 총 10,118명의 학생이 지도를 받고 있다. 학교급별로 초등학생 5,616명, 중학생 3,398명,

고등학생 1,104명으로 나타났다.

[표 4-3] 16개 시 · 도교육청 영재학급 수 및 영재학생 수

지역	기관수	초등					중					고등					총계
		과학	수학	정보	기타	소계	과학	수학	정보	기타	소계	과학	수학	정보	기타	소계	
서울	18	140	80	–	40	260	–	–	–	20	20	–	–	–	230	230	510
부산																	
대구	1	–	–	–	–	–	–	–	–	64	64	–	–	–	42	42	106
인천	16	통합반 774		–	–	774	–	–	–	40	40	288	144	–	–	432	1,246
광주	10	180	140	–	–	320	–	80	–	–	80	–	40	–	–	40	440
대전	50	221	224	132	–	577	192	192	192	–	576	16	16	16	–	48	1,201
울산	–	–	–	–	48	48	–	–	–	24	24	–	–	–	–	–	72
경기	84	985	1,026			2,011	629	628		49	1,306						3,317
강원	14	20	140	11	45	216	20	120	17	44	201	–	–	–	–	–	417
충북	6	80	98	–	–	178	100	80	–	–	180	–	–	–	–	–	358
충남	4	–	–	–	–	–	40	40	–	–	80	–	–	–	–	–	80
전북	13	20	20	–	–	40	80	20	–	38	138	20	100	–	20	140	318
전남	3	20	20	–	–	40	20	20	–	–	40	20	20	–	–	40	120
경북	71	91	428	52	149	720	176	219	80	94	569	·	–	–	–	–	1,289
경남	3	0		–	–	0	20	0	–	–	20	72	40	–	–	112	132
제주	19	357		30	45	432	–	–	–	60	60	–	20	–	–	20	512
총계	312	2,501	2,563	225	327	5,616	1,277	1,399	289	433	3,398	416	380	16	292	1,104	10,118

* 출처: 한국교육개발원 통계자료(2007).

③ **영재교육원**: 2006년 10월 기준으로 전국 16개 시 · 도교육청에서 총 198개 영재교육원을 설치 · 운영하고 있으며, 총 24,443명의 학생이 교육을 받고 있다. 학교급별 총학생 수의 지도영역의 비율을 살펴보면, 초등학교 급에서는 11,005명, 중학교 급에서는 12,801명, 고등학교 급에서는 637명이다([표 4-4] 참조).

[표 4-4] 16개 시 · 도교육청 영재교육원 수 및 영재학생 수

지역	기관수	초등					중					고등					총계
		과학	수학	정보	기타	전체	과학	수학	정보	기타	전체	과학	수학	정보	기타	전체	
서울	18	495	495	165		1,155	780	860	40	300	1,980	100	60	–	–	160	3,295
부산	12	640	880	240	240	2,000	815	735	440	460	2,450	30	15		15	60	4,510
대구	11	440	678	40	71	1,229	646	522	40	45	1,253	35	10	–	49	94	2,576
인천	7	73	80	–	–	153	160	80	40	통합 522	810	28	14	–	–	42	1,005
광주	4	220	220	120	–	560	80		–	–	80	–	–	–	–	–	640
대전	9	60	60	20	–	140	100	100	20	–	220	–	–	20	–	20	380
울산	2	30	29	30	–	89	40	15	15	–	70	–	–	–	–	–	159
경기	29	685	644	61		1,390	680	524	61		1,265	61				61	2,716
강원	13	200	140	–	44	384	200	100	–	14	314	–	–	–	–	–	698
충북	14	226	223	20	167	636	289	233	13	92	627	–	–	–	–	–	1,263
충남	13	260	260	–	–	520	300	280	–	20	600	–	–	–	–	–	1120
전북	20	344	445	94	40	923	379	328	60	140	907		–	40	–	40	1,870
전남	7	340	340	–	–	680	300	300	–	–	600	–	–	–	80	80	1,360
경북	21	325	309	83	40	757	431	346	93	–	870	40	40	–	–	80	1,707
경남	14	218	156	15	–	389	300	165	13	–	478	–	–	–	–	–	867
제주	4	–	–	0	–	0	160	30	15	42	277	–	–	–	–	–	277
총계	198	4,556	4,959	888	602	11,005	5,660	4,618	850	1,635	12,801	294	139	60	144	637	24,443

* 출처: 이군현 의원실. 2006년 국정감사자료.

④ 과학영재교육원: 2006년 10월 기준으로 전국에 총 30개의 과학영재교육원이 지정 · 운영되고 있으며, 초등과정은 과학에서 1,001명, 수학에서 940명, 정보과학에서 340명 총 2,281명을 대상으로 27개 대학교에서 실시되고 있다. 중등과정은 과학에서 2,684명, 수학에서 936명, 정보과학에서 435명 총 4,055명을 대상으로 25개 대학교에서 실시되고 있다. 이 밖에 고등학생을 대상으로 하는 1개의 대학부설 교육원에서는 126명을 교육하고 있다([표 4-5] 참조).

[표 4-5] 대학부설 과학영재교육원 수 및 영재학생 수

지 역	초 등				중 등				총계
	과학	수학	정보 과학	총계	과학	수학	정보 과학	총계	
서울대학교	–	–	–	–	123	36	34	193	193
인천대학교	77	72	–	149	262	27	20	309	458
아주대학교	30	34	12	76	63	42	19	124	200
경남대학교	45	15	15	75	108	31	31	170	245
경북대학교	42	42	–	84	179	45		224	308
전남대학교	15	20	–	35	103	55	–	158	193
전북대학교	32	32	–	64	126	37	13	176	140
청주교육대학교	67	66	–	133	137	48	11	196	329
강원대학교	41		–	41	91	38	14	143	184
부산대학교	38	28	26	92	160			160	252
연세대학교	–	–	–	–	137	97	–	234	234
제주대학교	47	39	20	106	133	43	25	201	307
강릉대학교	40	20	20	80	65	28	19	112	192
공주대학교	30	33	23	86	110	33	26	169	255
서울교육대학교	76	46	23	145	–	–	–	–	145
순천대학교	18	19	–	37	99	36	9	144	181
안동대학교		16	16	32	122	34	26	182	214
울산대학교	29	–	–	29	131	36	28	195	224
충남대학교	35	37	–	72	157	21	17	195	267
경원대학교	48	23	23	94	93	24	21	138	232
대진대학교	49	20	26	95	63	22	21	106	201
경상대학교	29	28	24	81	94	42	23	159	240
군산대학교	18	16	14	48	53	16	7	76	124
목포대학교	23	13	9	45	59	22	14	95	140
창원대학교	15	18	14	47	101	40	32	173	220
인제대학교	–	–	–	–	25	28	25	78	78
인하대학교	–	통합반 178	–	178	–	통합반 57	–	57	235

부산교육대학교	15	15	15	45	–	–	–	–	45
공주교육대학교	30	30	20	80	–	–	–	–	80
대구교육대학교	80	80	40	200	–	–	–	–	200
이화여자대학교	32	–	–	32	–	–	–	–	32
한국정보통신 대학교	–	–	–	–	–	–	126 (고등)	126 (고등)	126
총계	1,001	940	340	2,281	2,684	936	435	4,055	6,336

* 출처: 한국교육개발원 통계자료(2007).

(4) 소외된 영재에 교육 기회 제공

앞서 영재교육을 시작한 이스라엘이나 미국의 경우는 학생들 개개인의 욕구에 맞춰진 교육이 필요하다는 의견에 따라 교육부에서 영재아들의 욕구를 수용하기 위한 특별교육시스템을 제공하거나 주정부 단위의 교육시스템을 제공하고 있다. 이러한 영재아를 위한 프로그램의 목적은 통합적인 접근, 즉 인지적 · 정의적 · 사회정서적 영역을 포함한다. 그러나 우리나라의 영재교육은 상위 0.5% 이하에 있는 영재, 수학 · 과학 외 다른 분야의 영재, 창의성이 뛰어난 영재, 신체적 장애를 가진 영재, 매우 뛰어난 영재(profoundly gifted), 사회 · 경제적으로 어려운 환경의 영재들은 영재를 위한 교육에서 소외되고 있다는 보고가 있다. 개인의 자아뿐 아니라 국가적인 발전을 위해서도 환경이나 특정 분야에 의한 조건들이 영재교육의 기회를 박탈하는 일은 없어야 할 것이다.

(5) 정의적 발달 도모

일반적으로 영재교육이라 하면 지적 능력의 발달을 생각한다. 그러나 모든 교육이 그러하듯이 영재교육도 인간의 전인적인 발달을 추구한다. 특히 예민하고 성숙하고 통찰력 있는 영재의 특성상 리더십의 경험을 많이 하게 되는데 이때 보다 효율적이고 올바른 방향을 제시해 줄 수 있어야 한다.

(6) 유아기부터 상급학교까지의 지속적인 영재교육 제공

현재 우리나라의 영재교육은 빠르면 초등학교 4학년부터 시작하여 중고등학교까지 이어지고 있으며 과학, 수학 영재들에게 치중되어 있는 실정이다. 따라서 유아나 초등 저학년의 경우는 사설기관에서 영재관련 교육을 받는 경우가 많고, 이러한 아동들 중의 일부는 대학의 영재교육기관이나 상급학교의 진학을 우선으로 하는 경향이 있다. 또한 대학 및 각 시 · 도교육청의 영재교육기관들 역시 서로 교류가 없고 경쟁하듯 운영되고 있어 교과과정뿐 아니라 교수법에 있어서도 연계성 있는 교육이 어려운 실정이다. 영재아의 능력에 따른 조기 진급 및 조기 졸업 역시 문제화되고 있는 요즈음 유아동기부터의 체계적인 교육 및 상급학교로의 연계를 위한 영재교육제도는 반드시 고려되어야 할 문제이다.

2) 영재교육제도의 현황과 문제점

(1) 영재교육 전담부서

1970년대부터 이루어진 우리나라의 영재교육에 관한 연구 개발의 역사에 비해 아직까지도 영재교육에 관한 정책 수립이 부진한 이유는 영재교육을 전담하여 추진하는 부서가 없기 때문이다. 물론 앞서가는 교육행정가도 있지만, 교육정책 관계자 대부분은 영재교육에 관한 인식이 매우 부족하다. 영재교육을 실시하는 대부분의 선진국에는 교육부와 교육청에 영재교육 전담부서가 마련되어 있다. 이들 부서들은 영재 판별, 영재교육프로그램의 선택 및 설치, 교사의 연수 및 훈련에 관한 전반적인 일을 감독하고 지원하는 일을 맡고 있다.

그러나 우리나라의 교육인적자원부에는 학교정책실에서 다른 업무와 함께 영재교육을 담당하고 있어, 영재교육의 진흥에 필요한 여러 가지 업무를 효율적으로 처리하기 힘든 상태이다. 따라서 영재교육을 전담하는 담당부서의 마련이 요구된다.

(2) 영재교육연구원

영재교육도 발전해 가는 학문분야이다. 여러 기관들의 경험과 자료를 공유한다면 불필요한 시행착오를 줄일 수 있으며 서로 시너지효과를 볼 수도 있다. 그러므로 영재교육의 전반적인 방향과 골자를 연구하고 배포하고 협조하는 하나의 구심점 역할을 하는 독립적인 기관이 필요하다. 현재는 프로그램이나 자료들을 각 기관마다 부족한 예산을 쪼개어 투자해서 각자 만들고 있어 반복되는 요소들이 있다. 이는 비효율적이고 소모적이다. 따라서 영재교육을 전문적으로 지원할 독립적인 영재교육연구원을 국가차원에서 육성해야 한다.

(3) 영재교육 재정 지원 확대

영재교육진흥법이 제정되었으나 예산이 충분히 확보되지 않으면 정책을 추진해 나가기 어렵다. 영재교육진흥법을 충실히 시행할 수 있으려면 예산을 충분히 확보하여 지원해야 한다. 하지만 현재 영재교육에 대한 재정적인 지원은 매우 미흡하다. 국제적으로 볼 때 국민총생산액 중 교육비 비중을 10% 수준으로 두고 있는 이스라엘에 비해 우리의 경우 5%에도 못 미치고 있는 수준으로 현저하게 낮은 수치이다. 미국의 영재교육은 1875년 하버드 대학교 심리학 연구에서 시작하여 약 120년의 역사를 가지고 있다. 소련의 스푸트니크호의 발사에 자극받아 1969년 미국 의회의 초·중등교육법에서 영재교육의 법적 근거를 제공한 이후, 1972년 미국 의회에 정책 건의서인 Marland 보고서가 제출되었다. 1988년에는 연방정부에서 Jacob K. Javits Gifted & Talented Student Act의 영재교육법을 제정·공포함으로써 영재교육 정책을 보다 적극적으로 추진할 수 있는 기반이 마련되었으며, 1990년부터 연방정부는 국립 영재교육 연구센터(National Research Center on the Gifted & Talented)를 설립하고 예산을 지원하고 있다. 영재교육에 대한 연구 개발을 전담하는 이 영재교육 연구센터(NRCG/T: 버지니아 대학 등 5개 대학)와 52개 영재교육센터는 360여 개의 공·사립 학교와 연계되어 현장성을 살린 각종 교육교재와 교육프로그램을 개발·보급하고 있다.

3) 영재교육 담당교원 관련 현황과 문제점

(1) 영재교육 담당교사의 인센티브 제공과 잡무 감소 지원

현재 영재교육을 담당하고 있는 교사들은 영재교육을 위한, 학생중심, 과정 중심, 탐구 중심, 문제해결 학습, 산출물 생산과 같은 접근을 적용하기 위한 영재교육 프로그램 개발에 전념할 수 있는 조건을 가지고 있지 못하다.

미국의 경우 주로 자격증제도나 인증제도를 통해 영재교육 담당교사를 양성하고 임용, 배치하기도 한다. 그러나 우리나라 교사들은 순환근무제로 인하여 근무지를 옮기기 때문에 영재교육 연수를 받은 교사라도 지속적으로 영재교육을 담당하는 것이 어려운 실정이다. 연수를 받고 영재교육에 적극적으로 참여하고자 할 때 즈음 다른 학교로 옮기게 되어 영재교육에 참여할 기회를 상실하는 것이다.

또한, 우수한 자질을 갖춘 교사가 영재교육을 담당하고자 하는 의욕이 생기도록 유인 체제를 구축해야 한다. 연구 연수기회 제공, 연구비 지원 등은 교사의 전문성을 신장시키는 기능을 갖는 동시에 우수교사를 유인할 수 있는 기제가 될 수도 있을 것이다.

(2) 담당교원의 전문성 확보 방안 마련

영재교육에 대한 관심과 필요가 급속도로 확산되고 있는 반면 이에 대한 교육 및 연수는 매우 미흡하다. 연수를 받고 준비가 되어갈 때 다른 학교로 전근을 하게 되어 영재교육에 참여할 기회를 상실하게 되고 새로운 교사가 영재를 지도하게 되는 경우가 있어, 새로이 연수하는 동안의 시간적 손실과 전문성의 부족 등이 문제점으로 대두되고 있다.

우리나라는 영재교육의 역사가 짧아 영재교육을 훌륭히 수행할 교사가 준비되기도 전에 영재교육이 급속도로 활성화되었다. 영재교육을 담당하기 위해서는 일정시간 연수를 받는 것을 법령으로 규정하고 있는데 영재학교 교원은 120시간, 영재학급 교원은 60시간 이상의 연수를 받도록 권장하고 있다. 지금은 영재교육에 대한 관심이 증대되면서 교사들 사이에서도 관련 연수를 받고자 하는 분위기가 많이 고조되고 있으나, 아직은 영재교육을 담당하는 교사의 전문성에 있어서 미흡한 상황이라고 할 수 있다. 영재교육을 앞서 수행하고 있는 미국의 경우 영재교육을 담당하는 교사는 일반교과 교사와 일반학급 교사와는 별도의 위치를 차지하고 있다. 이들은 보통 초, 중학교에 많이 근무하며 단위 교육청의 영재교육 예산에 의해 수요와 공급이 결정된다. 어떤 교사는 한 학교에 계속 근무하면서 영재교육을 하고, 어떤 교사는 일주일에 2~3개 학교를 순회하면서 영재교육을 한다. 이 교사들은 일반학급 교사들에게 영재교육에 대한 연수를 하고, 일반학급 교사들과 협력하여 영재아를 지도한다. 다른 하나의 유형은 교과 교사의 신분으로서 영재 학생을 지도하는 경우이다. 예를 들면, 고등학교 물리교사가 과학 우수반 학생을 지도하거나, AP 물리반 학생을 지도하는 경우이다.

영재교육은 특수교육인 만큼 형식적인 연수가 되어서는 안 된다. 일반 학생들을 지도하는 것과 달리 영재라는 특수한 조건의 학생들을 통솔하는 교사이므로 무엇보다 교육과정에 열정과 의욕을 가진 교사라야 한다. 영재교육에 대한 철학과 사명의식, 해당 지도영역에 관한 전문적인 자질과 식견, 영재교육에 적합한 인성적 자질을 갖춘 교사를 선발해야 한다.

영재의 선발 과정, 교육프로그램, 시설, 기자재 모두 영재교육에 있어서 중요하지만, 무엇보다 중요한 것은 영재를 알아보고 키울 수 있는 교사의 존재이다. 영재교육의 성패는 교사에 달려있다고 해도 과언이 아니다. 교사가 가지고 있는 교과영역에서의 전문성, 영재들의 심리적 · 행동적 특성을 이해하고 수용하려는 태도, 교수-학습방법의 구사능력 등이 영재교육의 성패를 좌우한다고 할 수 있다. 이에 따라, 영재교육 담당교원의 전문성 신장을 위해 영재교육 담당교원 양성과정을 설치 운영하고, 전문적인 교사 유치를 위한 방안을 수립해야 한다. 교육대학, 사범대학, 교육대학원 등에서 영재교육 담당교원 양성과정을 설치 운영하도록 격려하고 이를 지원하여 질 높은 영재교육 담당교원이 배출될 수 있도록 해야 할 것이다.

2. 영재교육의 개선방안

영재성은 저절로 발휘되지는 않는다. 어릴 때부터 적절하고 지속적인 지적, 환경적인 도전과 자극을 통해 실패를 두려워하지 않는 용기와 과제집착력을 가질 수 있도록 하고, 강한 의지와 인내심, 독립심을 키워나가도록 하는 교육을 통해서만 21세기 지식기반사회에서 타고난 잠재력을 충분히 발휘하는 구성원이 된다. 또한 이렇게 함으로써 우리 사회가 필요로 하는 인재로 성장할 수 있게 되는 것이다. 영재는 혼자서도 잘 자란다는 많은 사람들의 생각과는 달리 영재들도 적절한 시기에 적절한 교육이 필요하다. 타고난 잠재력을 키워서 능력 있는 인재를 육성하기 위해서는 영재교육이 활성화되어야 할 것이다.

1) 영재교육 내용의 대안 및 과제

영재교육이 이르면 초등학교 4학년, 일반적으로 중학교에서 시작되는 것은 인간의 지능발달 속도에 맞지 않는다. 뇌는 영아기 때부터 눈부신 속도로 발달되고 있다. 그러므로 영재교육의 대상자들을 정규교육이 시작되는 시점부터 발굴하고 교육시키는 것이 바람직하다. 또한 영재교육 대상자를 현 0.5%에서 적어도 2.0~3.0%까지 늘리고, 장기적으로 세계 선진국 수준인 10~15%까지 늘리도록 해서 우수한 인재들을 육성해야 한다. 뿐만 아니라 현재 수학, 과학에 치우쳐 있는 영재교육 분야를 인문, 사회 분야 등 다양하게 확대해서 균형 있는 사회가 만들어지도록 개선해야 한다. 그리고 무엇보다도 사회·경제적 지위나 지역적인 요인으로 인해 적절한 교육을 받을 권리를 박탈당하는 사례가 일어나지 않도록 소외된 영재들에 대한 지원과 연구가 마련되어야 한다. 또한 영재교육이라 하면 지적인 발달만을 생각하는 우를 범할 수 있는데 영재교육 역시 여타의 교육과 마찬가지로 정의적인 측면, 즉 인성도 고려되어야 한다. 특히 예민하고 통찰력이 발달되어 있는 특성을 지닌 영재들에게는 정서적으로 안정되고 합리적인 판단을 할 수 있도록 전인적인 교육을 제공해야 할 것이다.

마지막으로 진정으로 잠재된 능력이 있고, 그 능력을 계발시키고자 노력하는 학생들에게 영재교육이 연계성 있게 제공되어야 한다. 현재는 영재 학생들이 초등학교 때 1년, 또는 중학교 때 1, 2년 영재교육을 받고는 방치되는 실정이다. 이는 국가차원에서는 심각한 인력 낭비이며, 개인적 차원에서는 혼란과 좌절을 겪는 상황을 만들기도 한다. 그러므로 영재교육을 전 교육과정에 걸쳐 연계성 있게 제공받을 수 있도록 해야 할 것이다.

2) 영재교육제도의 대안 및 과제

영재교육은 국가적 체계를 갖추어야 한다. 그러기 위해서는 영재교육을 전담하는 부서를 설치하고 영재교육에 대해 전문성을 갖춘 인력이 배정되어야 한다. 그리하여 각 부처 간 협력 체제를 구축하고 각 지역별로 영재교육이 체계적으로 이루어져 중복 투자를 예방하고 효율적으로 영재교육을 이끌어 가도록 해야 할 것이다. 현재 우리나라는 한국교육개발원과 한국과학기술원이 영재교육연구원으로 지정되어 있고, 독립된 연구원은 없는 실정이다. 따라서 무엇보다도 영재교육의 발전에 필요한 정보를 집대성하고 관리할 수 있는 국가차원의 '영재교육연구원'을 독립적으로 설치, 운영해야 한다.

영재교육연구원에서는 장기적인 안목에서 영재교육의 발전에 필요한 기초 연구를 하고, 전국 영재교육 관련 자료들을 수집 · 정리 · 통합하며, 세계 각국의 영재교육기관들과의 연계를 하는 등 다양한 방법으로 영재들을 지원해 줄 것이다. 이처럼 우리나라의 미래를 가꾸어 갈 인재를 육성하기 위해서는 밑거름이 될 재정적 지원을 확대해야 한다.

3) 영재교육 담당교원 관련 대안 및 과제

교육의 중추적인 역할을 담당하는 중요한 요인은 교원이다. 따라서 영재의 특성을 알고 관련 분야에 대한 지식과 열정이 깊은 영재교육 담당교사를 육성하는 일이 시급하다. 일반적으로 현재는 수학이나 과학 과목을 담당하는 교사가 영재교육을 맡아 영재교육과 관련해서 연수를 받는 방법이 주를 이루고 있다. 그러나 영재교육 연수를 받는 교사가 영재교육 담당교사가 아닌 경우도 있고, 영재교육을 맡은 교사가 연수를 받지 못하는 경우도 허다하다. 아무리 좋은 시스템과 교육프로그램이 있어도 가르치는 교사에 따라 차이가 많이 날 수밖에 없으므로 학생들에게 질 높은 영재교육을 제공하기 위해서는 교사의 전문성이 요구되는 것은 당연한 것이다. 또 교사가 영재교육프로그램을 연구 개발하고, 가르치는 영재 학생들을 적절하게 지도하기 위해서는 과다한 업무로부터 해방되고, 자긍심과 동기유발을 유도하기 위한 어느 정도의 인센티브도 제공되어야 할 것이다.

현재는 연수를 받지 않은 교사도 영재반을 담당할 수 있다. 이는 갑자기 팽창하는 영재교육 수요에 비해 연수를 받은 교사들은 많지 않기 때문이다. 그러나 앞으로는 연수를 받은 교사의 수가 영재교육을 담당해야 할 교사의 수만큼, 또는 그 이상으로 충분해 질 것이다. 그러므로 이제부터는 자격증을 발급받아서 영재교육을 담당하도록 해야 한다. 시험이나 제도를 마련하여 자격증을 받은 교사만 지도할 수 있게 하는 것도 하나의 방법이다.

우리나라에는 아직도 사회적으로 영재교육에 대한 왜곡된 인식이 많다. 영재교육 담당교사뿐만 아니라 일반 교사들도 영재들에 대한 기초지식은 가지고 있어야 한다. 영재교육 담당교원이 영재교육과 관련된 과목을 수강할 수 있는 기회는 연수를 통해서나 교육대학원 과정을 통해서이다. 그러나 연수를 받을 기회는 제한되어 있고 대학원 과정을 밟는 것도 쉬운 결정은 아니다. 따라서 일반 교사들은 영재교육에 대하여 기초적인 소개조차 받을 기회가 없다. 확률적으로 볼 때 일반적인 교사들 역시 가르치는 학급에서 영재 학생을 만날 경우의 수가 매우 크다. 따라서 교원들은 적어도 영재교육의 기본이 되는 영재의 특성, 판별, 지도 방법에 대하여 숙지하고 있어야 할 것이다. 그러므로 교직과목 안에 영재교육 과목을 포함시켜 영재교육에 대하여 올바른 인식을 갖게 하고, 영재를 보면 영재교육을 받을 수 있도록 연계해 줄 수 있는 안내자의 역할 정도는 할 수 있도록 해야 할 것이다.

참고문헌

김용남(2004). 미국의 영재교육 동향 분석을 통한 과학영재교육 방향 제시.

영재교육 이렇게 합니다(2007). 한국교육개발원 영재교육 홍보자료.

이군현 의원실. 2006년 국정감사자료.

조석희(2005). 영재교육의 현황과 발전방향. 제1회 국악영재교육세미나 발표 논문.

한국교육개발원 뉴스레터, 2006년 1, 2월.

제 2 부
자율성과 다양성이 추구되는 교육

제5장 학생과 학부모에게 폭넓게 보장되는 학교선택권

고교평준화가 1974년에 실시된 이래 많은 논란에도 불구하고 34년이 지난 지금까지 유지되고 있다. 대학입시를 비롯하여 교육인적자원부의 수많은 정책이 수립, 변경, 폐지되어 왔는데, 기본 골격을 유지한 채 지금까지 존속되고 있는 유일한 정책이라 할 수 있다.

고교평준화 정책은 34년 동안 수많은 비판과 저항에 부딪혔으며 이런 비판을 수용하여 선지원 후추첨, 특성화 고등학교, 자율학교, 자립형 사립 고등학교, 공영형 혁신학교 등 다양한 유형의 학교제도를 도입하여 평준화 제도가 안고 있는 문제를 개선하기 위해 노력했다. 그럼에도 불구하고 많은 사람들은 여전히 고교평준화의 강화론, 보완론, 폐지론(박부권 외, 2002)을 제기하면서 평준화 정책을 비판하고 개선하고자 한다.

고교평준화 정책은 우리 교육에 지대한 영향을 미쳤다. 고등학교 입시 부담이 줄어듦에 따라 중학교 교육과정 정상화에 많은 긍정적 영향을 주었으며, 중학생의 고입 재수, 고입 과외 등의 파행적 교육을 축소하는 데 일정부분 기여했다. 반면에 학업준비도가 다른 학생이 한 학급에 배정됨으로써 동질 수업을 하기 어렵게 만들었으며, 학생들이 가고자 하는 학교를 제한함으로써 학교의 선택권을 박탈하는 문제가 제기되기도 하였다. 이런 문제는 사학에서 두드러졌는데, 종립학교인 경우 종교를 기초로 학생을 선발할 수 없어 학교의 교육목적인 종교교육을 충실히 수행할 수 없는 어려움이 제기되었다. 종립학교가 아닌 경우에도 학생들 능력에 맞는 다양한 교육을 실시하여 국가발전에 필요한 우수한 인재를 육성하는 데도 많은 어려움이 있었다.

1. 고교평준화의 현황과 문제

1) 고교평준화의 현황

(1) 고교평준화 실시 배경

고교평준화는 1969년 중학교 무시험 실시 후 그동안 우리 사회에 내재한 고등학교 입시문제를 해결하기 위해 만든 정책이다. 중학교 입시와 마찬가지로 고등학교 입시 역시 모든 중학생이 일류 고등학교를 입학하기 위해 과외를 받고, 고등학교에 떨어진 경우 재수, 삼수를 하는 폐단이 심했다. 이는 중학생이 정상적으로 성장하는 것을 방해하고, 교육과정도 입시 중심으로 왜곡 운영되도록 하였다. 이같은 고교입시 때문에 발생하는 문제를 김영철과 강태중(1985)은 다섯 가지로 정리하고 있다. 이를 살펴보면 다음과 같다.

첫째, 중학교 교육과정을 파행적으로 운영하게 하였다. 사지선다형의 고등학교 입시시험은 중학교 교육을 단편적 암기위주의 교육을 하도록 하였으며, 학교의 교육과정도 고등학교 입시과목이나 출제경향에 따라 왜곡되는 현상이 초래되었다. 또 입학시험에 합격하기 위해 과외를 받도록 강요하는 풍토가 조성되었다.

둘째, 중학생의 전인적 성장을 저해하였다. 중학교 때는 신체적으로 정신적으로 왕성한 활동을 하는 시기임에도 불구하고, 치열한 입시 때문에 이런 활동을 활발히 할 수 없었다. 입시에 시달려 신체적 건강장애, 정서불안, 신경증 등이 유발되는 중3병을 만연시켰다.

셋째, 고등학교 간 격차를 심화시켰다. 고등학교 간에 차이가 두드러짐으로써 일류, 이류, 삼류 등의 학교 서열이 정해져 학교 간에 사회적 인식의 차이가 심하였고, 일류 학교 진학을 위해 대도시로 이동하는 현상이 두드러졌다. 이런 현상은 중학교뿐만 아니라 초등학교에까지 영향을 미쳐 인구의 도시집중화 현상을 초래하기도 하였다.

넷째, 재수생의 누적과 과열과외 현상을 가져왔다. 일류 · 명문고교에 대한 열망은 과열과외를 가져왔고, 명문고에 입학하지 못하면 이를 위해 재수, 삼수를 하는 사회적 문제를 일으켰다. 1975년 당시 중학교 학생의 약 30% 정도가 과외수업을 받았으며(김종서, 1975), 과외에 투입되는 비용도 상당했다.

다섯째, 학생 인구의 도시집중을 초래하였다. 학생의 도시집중 현상은 산업화, 도시화의 영향으로 농촌의 인구가 도시로 이동함에 따라 나타나는 현상이기도 했지만 자녀의 교육 때문에 도시로 이동하는, 자녀만 도시에 전학을 시키는 현상이 심하였다. 그렇지 않아도 도시가 팽창되면서 주택, 도로, 상하수도 등의 문제가 크게 제기되었는데 여기에 더하여 일류학교 진학을 위해 초등학교, 중학교 학생의 조기 이동이 커지자 사회적 문제가 되었다.

(2) 고교평준화 정책의 주요 내용

고교평준화 정책은 문교부가 1973년 2월 28일 고등학교 입시제도 개선방안을 발표하고, 3월 13일에 그 시행계획을 발표하였다. 새 입시제도는 서울, 부산을 시작으로 여건이 성숙되는 대로 전국적으로 확대해 나간다는 방침이었다. 고교평준화 정책의 주요 내용을 살펴보면 다음과 같다(김영철 · 강태중, 1985).

① **입시제도의 개혁**: 고교평준화 정책에 따른 고등학교 입시제도는 전형시기에 따라 고등학교를 일반 고등학교와 실업 및 2부 고등학교, 특수목적 고등학교로 구분하여 각각 전형방법을 달리하는 것을 골자로 한다. 일반 고등학교는 공 · 사립 고교를 포함한 고교 학군을 설정하고, 선발고사에 의해 입학자격자를 선발한 후 학군별 추첨으로 학생을 학교에 배정하되 후기에 실시하고, 실업 및 2부 고등학교는 시를 하나의 단위로 하여 희망학교에 임의 지원하게 하고, 선발고사 성적으로 학교별로 선발하되 전기에 실시한다. 그리고 합격자는 인문고교 지원을 불허한다. 특수목적 고등학교는 선발고사에 합격한 자에 한하여 학교별로 전기에 선발하는 전국의 특수목적 고교(삼육, 성심, 중앙, 국악, 서울예술, 체육, 철도, 부산해양)에

임의 지원할 수 있으며, 특수목적 고교 지원자 중 불합격자는 출신 서도별로 후기 고교에 추첨 배정을 받을 수 있다.

② **고등학교 교육 여건의 평준화:** 고교 입시제도 개혁의 전제조건으로서의 교육 여건 평준화를 위해서 학교의 시설을 정비하고 교원의 자질향상과 처우개선을 추진하도록 하였다(입시제도연구협의회, 1973). 학교의 시설은 평준화 지역의 학교가 동일한 교육 여건을 구비하도록 하기 위해 시설 · 설비가 미비한 학교에 우선적으로 재정 투자를 하였다. 공립학교 등록금을 사립학교 수준으로 인상 조치하여 그 인상분을 부족시설 보완을 위한 경비로 지원하였으며, 사립학교의 학교비에서 시설비 지출을 허용함으로써 사학의 시설개선을 유도하였다.
교원의 자질을 향상시키고 처우를 개선하기 위해 고등학교 교원 전원을 대상으로 단기연수를 실시하고 각종 연수를 강화하였으며, 교원채용 순위고사를 실시하고(1972년), 사립학교에 있어 교원임용 보고제를 승인제로 전환하였다. 공립학교 교원에 대해서는 학교 간, 지역 간 순환전보제를 실시하였으며, 교직수당을 신설하였다.

③ **사학의 지원 육성:** 중 · 고등학교 평준화가 실시됨에 따라 경영이 어려워진 사학을 지원하도록 하였다. 사립 중 · 고등학교 인건비, 운영비의 재정 결손액을 국고에서 보조하였으며, 영세사학에 학급을 우선적으로 배정하였다. 사립학교교원연금법을 제정하여(1973년) 연금 부담금의 20/100을 국고에서 부담하였고, 사립학교 교육용 기본재산에 대한 조세 감면, 전화세 면제 등 각종 세금을 감면하였다.

④ **제반 행정조치 강구 및 제도 개선:** 평준화를 성공적으로 정착시키기 위해 여러 행정조치를 시행하였다. 먼저 학교에서 잡부금을 징수하지 못하도록 하였으며, 학교에서 과외수업을 금지하였고, 도심지 학교를 외곽으로 이전하는 등 학군 세분화를 추진하였다. 학생들의 학교 간 이동을 자유롭게 하기 위해 주간부 인문고를 제외한 모든 학교 간에 전입학이 가능하도록 하였다. 또한 농·어촌 교육을 활성화하기 위해 농·어촌 지역에 대한 각종 혜택을 확대하고, 우수 교원을 배치하며, 시설을 확충하여 농·어촌학교 육성책을 강구하였다.

(3) 고교평준화의 변천

고교평준화는 1974년부터 실시되었지만 도입, 확대, 보류, 재확대 등의 여러 단계를 밟아 오늘에 이르고 있다. 제도가 변한 시기를 중심으로 박부권 연구팀이 분류한 기준에 따라 변화과정을 살펴보면 다음과 같다(박부권 외, 2002).

① **고교평준화의 도입과 확대시기**(1974~1975): 1972년 12월 8일에 입시제도연구협의회를 구성하여 여기서 작성한 개혁안에 근거한 정책안을 구체화하여 1973년 2월 28일에 고교평준화 정책을 확정·발표하였다. 이에 따라 1974년부터 서울과 부산에 우선 적용함으로써 그동안 고교입시 때문에 제기되었던 많은 문제들이 해소되었다. 그렇지만 일부 학부모들이 자녀들을 평준화되지 않은 지역의 명문학교에 입학시키는 중학생의 역류현상이 발생하였고, 일부 명문고교의 학교에서는 학생지도의 문제를 제기하기도 하였다.

그러나 정부는 1975년에 평준화 지역을 인천, 대구, 광주로 확대하였다.

② 고교평준화의 확대 보류시기(1976~1978): 고교평준화는 예상했던 것보다 많은 문제를 야기시켜 전국적으로 확대하려던 계획을 보류시켰다. 즉, 사립학교의 교육시설, 교원 여건, 재정 확보의 어려움, 고교평준화 지역 내 고교진학 기회의 불공정 등의 문제가 제기되었으며, 특히 사학의 부정적인 견해는 이 정책을 보류하게 하였다. 1975년 10월 한국사학재단연합회와 대한사립중·고등학교장회는 새 입시제도를 전면 폐지하고 과거 제도로의 전환이나 혹은 사립고교만이라도 과거 제도로의 전환 등을 허용해 줄 것을 요구하면서 평준화 추진에 대한 강한 반발을 나타내었다. 뿐만 아니라 1977년 1월에는 대한교육연합회가 학군 내 고교별 지원 전형제를 문교부에 건의하고 나섰고, 1977년 5월과 6월에는 한국사학재단연합회와 전국사대연합회, 대한교육연합회 등에서도 고교 지원 입학제를 정부에 건의하였다. 국회에서도 평준화 정책에 대한 논의가 거듭 이루어지고 있었다. 이런 문제제기가 커지자 정부는 한국교육개발원에 '평준화 정책평가 연구'를 의뢰하고 한국교육개발원에서는 정책을 검토 분석한 뒤 평준화 정책을 폐지하기 보다는 유지 발전시키는 것이 바람직하다(김윤태, 1978·1979)는 보고서를 정부에 제출하였다. 이를 기초로 정부는 평준화 정책을 확대하는 계기로 삼았다.

③ 고교평준화의 재확대시기(1979~1981): 한국교육개발원의 보고서를 기반으로 정부는 고교평준화 정책을 확대 시행하여 1979년에는 대

전, 전주, 마산, 수원, 청주, 춘천, 제주 등 도청소재 시 중심의 7개 도시에 적용되었고, 1980년에는 성남, 원주, 천안, 군산, 이리, 목포, 안동, 진주 등 8개 도시가 포함되었다. 1981년에는 창원이 마산에서 독립됨에 따라 총 21개의 도시가 평준화 지역이 되었다. 그러나 그 이후는 교육단체의 거센 반발, 확대에 따른 여러 문제로 인해 유보되었다. 계속적으로 지역이 확대됨에 따라 반편성의 문제, 학습지진아, 영재교육, 종교계 학교의 문제, 교육 여건의 평준화 문제 등이 나타났으며, 지역에 따라서는 고등학교 진학을 지역으로 제한하기 때문에 지역에 고등학교가 없어 진학을 할 수 없거나 고등학교가 몇 개밖에 없어 평준화 자체가 의미가 없는 지역이 나타나게 되었다. 고교평준화의 문제는 대도시의 문제지 소도시나 읍·면 지역은 해당되지 않기 때문에 더이상 확대하는 것은 무리라는 의견이 제시되었다. 이런 이유로 확대를 유보하게 되었다.

④ **고교평준화의 보완시기**(1982~1989): 평준화 지역이 성남, 원주, 천안, 군산, 이리, 목포, 안동, 전주 지역까지 확대된 1980년 4월 4일 전국 시·도 부교육감 회의에서 부교육감들이 평준화 확대 정책을 보류해 줄 것을 문교부에 요청하였다(김주훈 외, 1995). 이들은 지방 중소도시 지역의 진학희망자 분포와 고교 수용능력 간의 불균형이 심하고, 일반계 고등학교와 실업계 고등학교 간 수용능력이 진학희망자 수와 맞지 않으며, 추첨 배정 시 거리를 고려하지 않고 학교를 배정할 수 없다는 이유를 들어 1981년부터 실시 예정이었던 평택, 강릉, 공주, 순천, 김천, 울산, 청주 등은 물론 1985년까지의 연차적인 계획도 보류해 줄 것을 요청하였다. 1982년에는 사립

중 · 고교장회에서 사학의 자율성을 강조하면서 고교평준화 정책에 반대하였다. 이런 문제제기가 계속되자 문교부는 1982년 8월 10일 평준화 보완정책을 발표하고, 평준화 정책은 현재 20개 시 지역에 한정한 채 문제점에 대해서는 보완책을 강구하였다. 문교부는 1985년 한국교육개발원, 1987년 교육개혁심의회에 의뢰하여 고교평준화에 대한 평가를 실시하게 하였으며, 이 결과를 토대로 평준화 개선안을 제시하였다. 1988년 4월 11일에 제시된 개선안은 특별시, 직할시, 도청소재지를 제외하고는 평준화 정책을 교육감이 결정하도록 하되 계속 검토하기로 하였다. 1988년 8월 17일의 수정안은 학군 내에서 선지원 후시험으로 신입생을 선발하도록 하였으며 특별시, 직할시, 도청소재지를 제외한 시 지역은 교육감이 조정하고, 도청소재지는 지방자치 실시 후에 시행하며, 특별시 및 직할시는 도청소재지 실시 후 장단점을 검토한 후 시행하기로 하였다. 1990년 8월 10일 제시된 개선안은 평준화의 기본 골격을 유지하고 그 미비점을 보완하도록 하였는데, 보완방안으로 과학고 확충, 외국어고 신설을 통해 교육의 다양화를 추구하며 소도시 지역은 지역의 여론을 수렴하여 교육감이 결정하되 춘천, 원주, 이리, 천안은 교육감에게 일임하였다.

⑤ **고교평준화 일부 지역 폐지시기**(1990∼1999): 1980년대 말부터 제기된 교육경쟁력 강화와 자율권 확대를 위해 평준화 정책을 제고해야 한다는 주장이 강화되었으며, 평준화 정책에 대한 조정권이 교육감에게 위임되자 지역적으로 다양한 방안이 강구되었다. 이런 요구가 분출되어 1990년에는 군산 · 목포 · 안동이 평준화 지역에서

해제되었고, 1991년에는 춘천·원주·이리가, 1995년에는 천안이 제외되어 평준화 지역이 14개 지역으로 축소되었다(김민하 외, 1998). 평준화 지역이 해제되면서 학생의 선택권이 논란의 중심이 되었다. 한국교육개발원은 교육부의 위탁을 받아 고교평준화 정책을 검토하여 방안을 제시하였는데 이때 제시된 방안이 선 복수지원, 후 추첨제였다(김흥주 외, 2000).

⑥ **일부 지역 고교평준화 제도 부활 및 확대시기**(2000~): 대학입시에서 내신성적의 비중이 높아져 비평준화 지역 학생들이 상대적으로 불이익을 받게 되자 1990년대 말부터 비평준화 지역에서 고교평준화 제도를 도입해야 한다는 주장이 제기되었고, 이런 의견이 반영되어 고교평준화가 지역별로 부활되거나 확대되었다. 2000년에는 울산광역시가 새로 평준화를 실시하였고, 군산과 익산은 평준화를 재실시하기로 하였다. 2002년에는 고양, 부천, 안양, 과천, 의왕, 군포가 새로 평준화 지역이 되었다. 2005년에는 목포·여수·순천이 평준화 지역이 되었고, 광명·의정부·김해·안동이 평준화 도입을 추진하고 있다.

2) 고교평준화의 성과와 문제점

고교평준화는 우리 사회가 안고 있는 교육열을 치료하기 위해 도입되었고, 수많은 논란과 반대에도 불구하고 현재는 폐지보다 큰 틀을 유지하는 것에 공감대가 형성되어 있다. 따라서 많은 논란이 있기 때문에 고교평준화 정책은 성과와 문제점을 짚어볼 필요가 있다.

(1) 고교평준화의 성과

고교평준화는 많은 논란에도 불구하고 중학교 교육과정을 정상화시키는 데 많은 기여를 하였고, 중학생들이 입시에서 벗어나 다양한 교육활동과 정상적인 신체발달을 촉진하는 계기를 마련해 주었다. 이를 좀 더 구체적으로 살펴보면 다음과 같다.

첫째, 고교평준화는 중학교 교육과정을 정상적으로 운영하는 계기를 마련해 주었다. 고교입시, 일류 고등학교에 대한 압력 때문에 모든 중학교는 입시지도와 과외에 대한 부담을 갖게 되었다. 중학교는 중학교 나름대로 일류 고등학교 진학 상황에 의해 학교가 평가되기 때문에 학교차원에서 모든 교육활동을 고교입시에 맞추지 않을 수 없었다. 이에 따라 파행적으로 운영되던 중학교 교육이 입시제도가 바뀜에 따라 입시 부담을 줄이고 중학교 교육과정에 맞는 운영이 가능하게 되었다.

둘째, 학생들이 입시 부담에서 벗어남에 따라 보다 많은 시간을 건전한 신체와 정신을 함양하는 데 활용할 수 있게 되었다. 특히 과열 입시에서 벗어남에 따라 신체 발달이 크게 향상되었다.

셋째, 고입을 위한 과열 과외, 고입 재수생 문제를 완화하고, 학교 간의 인식을 평준화하는 데 기여하였다.

(2) 고교평준화의 문제점

고교평준화 정책이 갖는 위와 같은 성과에도 불구하고 다음과 같은 문제점이 제기되고 있다.

첫째, 학생의 선택권이 제한을 받는다. 학생의 선택권은 교육의 기본권인 동시에 인간의 기본권인데 이런 권한이 박탈당하게 된 것이다. 인간의 기본권을 박탈하면서까지 교육의 선택권을 제한할 필요가 있는가의 문제는 평준화가 실시된 이래 지속적으로 제기되어 왔다. 이에 따라 선지원 후추첨과 같은 부분적 보완이 있기도 했지만 여전히 인간의 기본권은 보장되지 못하고 있다.

둘째, 학업성취도가 높은 학생의 더 높은 지적 욕구를 충족시키지 못하고 있다. 학업성취능력 또는 성취수준이 크게 다른 학생들이 공존하다보니 우수한 학생들은 우수한 학생대로 낮은 학생은 낮은 학생대로 지적 수준에 맞는 수업을 받기 어렵다.

셋째, 학교 간의 차이를 줄이는 데는 성공하였으나 학교 내 차이를 줄이는 문제를 해결하지 못하고 있다. 고교를 평준화함으로써 학교 간의 차이는 많이 줄어들었으나 학교 내 차별, 학급 내 차별이 해결되지 못하고 있다. 학급 내에 이질집단이 심화됨에 따라 교수와 학습에서 많은 문제가 제기되고 적응하지 못하는 학생들 때문에 교실붕괴, 학교폭력의 부정적인 결과가 초래되기도 하였다.

넷째, 학교의 학생선택권을 박탈하고 학교의 자율성을 저해하는 문제가 제기되었다. 특히, 사학의 경우 문제가 심각하다. 예컨대 종립학교의 경우 종교를 믿는 학생들을 선발할 수 없어 학교의 정체성에 문제가 야기되기도 하였다.

다섯째, 이 외에도 시설의 평준화가 이루어지지 않아 열악한 환경에서 학습을 해야 하는 문제, 다양한 유형의 학교를 운영할 수 없는 문제들도 제기되었다. 학교 운영이 고교평준화의 범위 안에서 이루어지다 보니 변화하는 사회, 학생의 요구에 맞는 교육제도와 교육활동이 허용되지 않는 문제도 나타났다.

2. 고교평준화의 개선방안

고교평준화는 지난 35년 가까이 유지되어 온 교육제도이다. 우리 교육이 안고 있는 입시열을 부분적으로 해소하고 중학생의 건전한 성장과 정상적인 교육과정을 운영하게 하는 데 큰 기여를 했다는 점은 대단한 성과라 할 수 있다. 이런 성과에도 불구하고 평준화 개선 및 폐지론이 끊임없이 제기되는 이유는 평준화가 전국을 동일한 틀로 묶어놓아 다양하게 분출되는 국민의 교육적 요구를 해소하지 못하기 때문이다. 최근에는 이런 문제가 조기유학, 학교의 붕괴 등으로 나타나고 있어 이에 대한 신속하고 정확한 대응책이 요구되고 있다. 앞의 논의를 기초로 한 개선 방향과 개선 과제를 제시하면 다음과 같다.

1) 고교평준화의 변화 모색

고교평준화는 우리나라 고등학교 교육 체제의 근간이고 오랫동안 유지되어 온 제도이기 때문에 개선방안을 신중히 모색하여야 한다. 지금까지 수행해 온 기능을 유지 · 발전시키기 위해서는 다음의 발전 방향에 기초하여 개선안이 만들어져야 한다.

첫째, 형평성과 수월성이 조화를 이루는 개선방안이 마련되어야 한다. 지금까지 고교평준화의 주요 기조는 형평성이었다. 모든 학생들이 동등한 여건하에서 동일한 수준의 교육을 받도록 하는 것이 평준화의 이상이었다. 이런 사회적 · 철학적 이상도 필요하지만 유능한 인재를 발굴하고 양성할 수 있는 교육 체제도 필요하다. 국가 간의 경쟁력이 강화되는 세계에서 국가가 발전하기 위해서는 능력 있는 유능한 인재를 육성할 수 있는 틀이 마련되어야 한다. 우수한 인재를 선발하여 다양하게 육성할 수 있도록 개선되어야 한다.

둘째, 국민의 기본권인 학교선택권이 신장될 수 있도록 평준화가 보완되어야 한다. 고교입시 때문에 나타나는 사회적 문제를 해결하기 위해 국민이 소중하게 향유해야 할 자유권, 선택권이 박탈되거나 보류되었다. 이런 기능이 살아날 수 있도록 개선되어야 한다.

셋째, 공학과 사학의 기능이 분화되어 사학이 사학의 건학 목적을 달성할 수 있도록 평준화의 보완방안이 마련되어야 한다. 따라서 사학의 건학이념과 목표가 구현될 수 있도록 제도가 보완되어야 한다.

2) 고교평준화 개선을 위한 제안

(1) 학교선택권 확대

학생의 학교선택권은 학생이 가지는 기본인권으로 중요한 의미를 지닌다. 사회적 문제를 해결하기 위해 부분적으로 제한한다 할지라도 가능한 이 기능을 살릴 수 있도록 평준화 제도가 보완되어야 한다. 이를 보완하기 위해 개선할 수 있는 방안은 다음과 같다.

① **학군제의 광역화**: 학군제 때문에 진학하고자 하는 학교를 선택하지 못하는 경우가 있다. 이를 허용하여 학생의 선택권을 보장하도록 해야 한다. 모든 평준화 지역에 학군제 광역화를 강제화할 필요는 없지만 서울, 부산과 같은 대도시의 경우 학군 때문에 이사를 하든가 주소를 옮겨야 하는 어려움이 있다. 따라서 그렇게 하지 않더라도 원하는 학교에 지원할 수 있는 기회를 제공해야 한다. 다행히 서울특별시의 경우 2010년부터 광역학군제 실시(2004. 2. 27. 서울특별시교육청 발표) 등 고교진학 정책이 크게 바뀐 것은 늦은 감이 없지 않지만 환영할 만한 일이다.

② **사학 운영의 자율화**: 사립학교는 사학이 가지는 이념과 목적이 있기 때문에 이를 구현할 수 있도록 자율성을 부여해야 한다. 공립은 사립에 비해 공공성이 보다 강조되어야 하고, 또 평준화 정책의 근본취지가 상당히 고려되어야 하지만 사립학교는 사학의 건학이념과 목적에 따라 자율적으로 운영하도록 해야 한다. 그런데 문제는 고등학교에서 사립이 차지하는 비중이 2006년 4월 기준으로 전체 고등학교의 44%이다. 이들 학교를 일시에 자율화한다면 고교평준화의 기본틀에 혼란을 가져올 수 있다. 따라서 공립과 사립학교 중에서 원하는 학교는 평준화의 기본틀을 유지하고 대부분의 사립학교는 운영의 자율성이 보장되어야 한다. 사학은 기본적으로 학생선발, 교육과정 편성, 등록금 책정에 있어 최대한의 자율이 보장되도록 해야 한다.

③ **공립의 개방형 자율학교 확대**: 공립의 경우도 학교경영 방법을 자율화

하고 학생의 선택폭을 확대하기 위해 2006년부터 도입한 개방형 자율학교를 확대하여야 한다. 공립학교도 다양한 프로그램과 경영 전략을 수립하여 학생의 요구에 부응할 수 있는 학교를 육성하고 발전시켜야 한다.

(2) 학교 유형 및 프로그램의 다양화

① **특수 목적고, 특성화 고등학교의 확대:** 과학고, 외국어고, 체육고 등의 특수목적 고등학교와 디자인고, 제빵고, 간디학교, 성지고등학교와 같은 특성화 고등학교 등을 확대하여 학생의 능력과 인성에 따라 다양하게 학교를 선택하도록 해야 한다. 개인이 우수한 능력이 있을 경우 이를 계발하고 육성할 수 있는 학교, 개인의 인성에 문제가 있을 경우 이를 치유하고, 보완할 수 있는 학교가 확대되어야 한다. 현재의 일반계와 실업계의 단순한 이분법적 구분으로는 변화하는 사회와 학생의 요구를 수용하기 어렵다.

② **영재교육, 직업교육 등 교육과정의 다양화:** 평준화된 학교 내에서도 학생의 능력과 적성에 따라 프로그램을 선택할 수 있도록 프로그램을 다양하게 개발하여 운영한다. 짜인 틀에 따라 만들어지는 조형물과 같이 동일하게 강요하는 교육 내용과 방법의 틀을 벗어나도록 해야 한다. 아울러 학생의 적성에 맞게 미래를 대비할 수 있도록 진로교육을 강화해야 한다.

(3) 학력 및 교육 여건의 격차 해소

앞서 지적했듯이 평준화 제도하에서는 학교 간 학력격차가 존재할 뿐만 아니라 교원, 시설 등 교육 여건에도 많은 차이를 보이고 있다. 학생의 교육권을 보호하기 위해서는 공립과 사립 간은 물론이고 공립 간, 또 사립 간에 존재하는 학력격차와 교육 여건의 차이를 해소해야 한다. 또한 정부는 도농(都農) 간의 학력격차는 물론 지역별 학교 간 격차 해소를 위해서 노력해야 한다.

참고문헌

강상진, 전민정(2006). 평준화 지역과 비평준화 지역의 성적 상위권 및 하위권 학생의 자아존중감 차이. 한국교육개발원(2006. 9). **제1회 한국교육종단연구 학술대회 논문집**. 287-308.

김미숙(2006). 평준화 지역 학교들 간에 교육의 질 차이가 있는가?. 한국교육개발원 포지션페이퍼, KP 2006-02.

김민하 외(1998). 고교 및 대학입학 전형제도 개선방안 연구. **정책연구** 제92집. 한국교원단체총연합회.

김영철, 강태중(1985). **고등학교 평준화 정책의 개선방안**. 서울: 한국교육개발원.

김윤태(1979). 고교평준화 정책의 평가연구: 2차년도 보고서. 서울: 한국교육개발원.

김윤태 외(1978). 고교평준화 정책의 평가연구: 1차년도 보고서. 서울: 한국교육개발원.

김종서(1975). 고등학교 새 입시제도 시행상의 문제점 및 개선방안.

김주훈 외(1995). 고등학교 평준화 정책의 개선방안. 한국교육개발원.

김흥주 외(2000). 경기도 고교입시제도 개선 연구-성남시, 고양시, 부천시, 안양권역을 중심으로. 서울: 한국교육개발원.

문교부(1982). 고등학교 평준화 정책 추진 보완계획.

박부권 외(2002). **고등학교 평준화 정책의 진단과 보완방안에 관한 연구**. 교육인적자원부.

서정화(2005). 고등학교 평준화 보완을 위한 방향과 과제. **학교교육연구**, Vol.3, No. 2, 151-170.

입시제도연구협의회(1973). 고등학교·대학(교) 입시제도 개선에 관한 연구보고서.

이군현(2006). 국회 국정감사자료.

홍익대학교 대학원(2006). 2006 박사과정 교육문제 세미나 자료집.

제6장 대학에 돌려줘야 할 학생선발권

우리나라의 대학입시제도는 일반 국민들에게 '입시 지옥'의 대명사로 불릴 만큼 엄청난 고통을 초래하는 주범으로 인식되고 있다. 우리의 자녀들이 보다 더 좋은 대학에 진학하기 위해 경쟁을 할 수밖에 없는 현실은 인정된다. 그렇지만 과열된 입시경쟁 아래서 학생들은 불필요한 암기교육과 지나친 학습부담에 시달려야 하고 학부모들은 허리를 휘는 과외비를 부담해야 하는 고통이 지속되는 상황은 문제가 있다. 이러한 문제를 풀기 위하여 입시제도를 근본적으로 수정하려는 노력이 정권마다 매번 되풀이되어 왔다. 왜 우리는 심각한 입시문제를 해소할 수 있는 입시제도를 도입하지 못하는가?

지금까지 14차례의 걸쳐 대학입시제도를 개선해 왔지만 고등학교가 평준화된 상황에서는 수정에 한계가 있을 수밖에 없었다. 내신제도가 1980년 도입되었지만 아직까지도 제대로 정착되지 못하는 주요 원인은 평준화 논리에 따라서 학교 간의 학력차이를 내신 산정에 인정하지 못하도록 했기 때문이다. 아무리 우수한 고교라도 그 고교의 10등은 다른 고교의 10등과 차이가 없는 것으로 평가해야 하는 상황에서 개별 대학들이 입시에서 내신을 제대로 활용하기 힘든 것이다. 그리고 1995년 교육개혁위원회가 입시제도의 다양화를 기치로 내걸고 대학들이 다양한 기준과 방법으로 입시 전형을 할 수 있도록 자율화하였지만, 중등교육이 평준화된 상황에서 획일적 교육을 받은 학생들을 대상으로 대학들이 다양한 기준과 방법으로 선발하는 데는 여전히 한계가 있을 수밖에 없다.

무엇보다 우리의 평준화된 대학입시의 개선을 위해서는 학교 정책에 있어서 고교평준화 정책의 개선과 병행되어야 한다. 고교평준화 정책을 그대로 두고 입시제도만 바꾼다고 해서 문제가 해결되지 않는다는 것을 이제는 과거의 경험으로부터 배울 수 있다. 특히, 제7차 교육과정이 평준화된 고교교육에 다양성을 불어 넣기 위한 시도라는 점을 인식한다면, 이러한 교육과정에 부합하도록 대학입시제도를 개선하는 것이야말로 평준화된 입시제도 개선의 가장 중요한 첫걸음이라고 할 수 있다. 이를 통해 우리의 평준화된 대학입시제도를 어떻게 고쳐나갈지에 대한 장기적인 대안도 마련되어야 할 것이다.

먼저, 대학입학제도의 변천과정과 현행 수학능력/논술시험에 대해 살펴보고 그 문제점을 검토해 보고자 한다. 이와 함께 대학관련 삼불(三不) 정책 등 교육 정책 기조에 대해 향후 개선방안을 모색해 보고자 한다.

1. 대학입학제도의 현황과 문제점

1) 대학입학제도의 변천과정

우리나라의 대학입학 정책은 그 비중이 정부 교육 정책의 대부분을 차지한다고 할 만큼 중요하게 다루어져 왔다. 그러다 보니 정권이 바뀔 때마다 대학입학과 관련된 갖가지 정책이 양산되었던 것도 사실이다. 아래의 표는 대한민국 정부수립 이후 오늘의 현 정부에 이르기까지 바뀌어 온 대학입학제도의 변천을 정리한 것이다. 이를 살펴보면 각 시기 대학입학 정책의 변화는 시대적 요구에 따른 것임을 알 수 있다. 1950년대 대학별 선발에서 1960년대 국가고사제 시작, 그리고 이후 내신반영 등 선발기준의 다양화라는 흐름은 각 시기별 사회문화적 변화와 무관하지 않다.

[표 6-1] 대학입학제도의 변천

구 분	종 류	제 도 내 용
정부수립 이전 (1945~1948. 7)	1. 대학별 단독시험제 (1945~1953)	• 대학별 입학시험 실시 • 실업계 동계진학 시 고교에서의 이수과목을 선택할 수 있는 특혜부여
제1공화국 이승만 (1948. 7~1960. 4) 허정 과도내각 (1960. 4~8)	2. 대학입학 연합고사제 (1954)	• 대학입학 연합고사(자격고사)와 대학별 본고사 병과 전형 • 자격고사 합격자(정원의 140%)의 대학별 시험 총점
제2공화국 윤보선 (1960. 8~1963. 12)	3. 대학별 단독시험제 (1955~1961)	• 고등학교 내신성적에 의한 무시험 전형 • 대학별 본고사 및 고등학교 내신성적 병과 전형
	4. 대학입학자격 국가고사제 (1962~1963)	• 대입자격을 국가고사로 전환시키고 각 대학에서 실시하는 실기고사, 신체검사, 면접의 결과도 선발자료로 이용

제3공화국 박정희 (1963. 12~1972. 10)	5. 대학별 단독시험제 (1964~1968)	• 대학별 입학시험 실시 • 필기시험 외에 진학적성검사, 신체검사, 면접을 함께 실시
제4공화국 박정희 (1972. 10~1979. 10) 최규하 (1979. 12~1980. 8)	6. 대학입학 예비고사와 대학별 본고사 병과 (1969~1980)	• 1969~1972 : 대학입학 예비고사 합격자에게 대학별 본고사 응시자격 부여
제5공화국 전두환 (1980. 8~1988. 2)	7. 대학입학 예비고사와 고등학교 내신성적 반영 병과 (1981~1985)	• 대학별 본고사 폐지 • 졸업정원제 실시 : 1982~1987 • 1985 : 고등학교 내신성적 등급 간 점수 차이 조정(2.7~2점)
	8. 대학입학 학력고사와 고등학교 내신성적 및 논술고사 병과 (1986~1987)	• 1986 : 대학별 논술고사 실시(10% 범위 내 성적 반영) • 1987 : 대학입학 학력고사 성적 50% 이상과 고등학교 내신성적 40% 이상 및 논술고사 성적 10% 병과 전형
제6공화국 노태우 (1988. 2~1993. 2)	9. 대학입학 학력고사와 고등학교 내신성적 병과 (1988~1993)	• 논술고사 폐지 • 입학정원제 환원(1988학년도부터)
문민정부 김영삼 (1993. 2~1998. 2)	10. 고등학교 내신성적과 대학수학능력시험 및 대학별 고사(본고사) 병과 (1994~1996)	• 대학수학능력시험 성적과 대학별 고사 성적의 채택여부, 반영비율, 반영방법 자율적으로 결정 • 대학별 고사는 대학이 자율적으로 실시여부, 반영비율 결정
	11. 대학수학능력시험과 학교생활기록부 및 대학별 고사(논술) 병과 (1997~2000)	• 국·영·수 위주의 본고사 금지(국·공립)
국민의 정부 김대중 (1998. 2~2003. 2)		〈2000년 : 2001학년도 대학입학제도〉 • 수능시험에 제2외국어 반영(6개 과목)
	12. 대학수학능력시험과 학교생활기록부 및 논술, 추천서, 심층면접 등 병과 (2001~2004)	〈2001년 : 2002학년도 대학입학제도〉 • 국·영·수 위주의 본고사 금지(사립까지 확대)
참여정부 노무현 (2003. 2~	13. 제7차 교육과정에 따른 선택형 수학능력시험 도입 (2004~2006)	〈2004년 : 2005학년도 대학입학제도〉 • 국·영·수 위주의 본고사 금지 • 제7차 교육과정 도입에 따른 선택형 수능제도 도입 및 원점수 폐지

참여정부 노무현 (2003. 2~	14. 고교교육 정상화 및 사교육비 경감을 위하여 2008학년도 이후 대입제도 개선 (2007~)	〈2007 : 2008년 이후 대학입학제도〉 • 학교생활기록부의 반영 비중 확대 • 성취도를 '원점수(과목평균, 표준편차 병기) 표기제'로 변경 • 과목별 석차(석차/재적수)대신 '과목별 석차등급제(9등급제)' 도입 • 서류평가 및 면접에서 활용될 수 있도록 교과영역(학습활동 및 성적, 특기, 성과, 태도 등 교과활동) 및 비교과영역(봉사활동, 특별활동, 독서활동 등) 충실히 기록 • 대학교육과 연계한 AP제도 도입·운영 • 진학정보 제공을 위한 '대학정보공시제' 도입 • 대학수학능력시험 개선 -표준점수 및 백분위 폐지 : 등급(9등급)만 제공 -교육과정과의 연계 강화 -문제은행식 출제 전환 • 학생선발의 특성화·전문화 강화 -대학 특성에 부합한 선발 강화 -동일계열 촉진으로 특목고 운영의 정상화 도모 • 대입전형의 전문화 체제 강화 : '입학사정관제' 도입 • 사회통합을 유도하는 전형 활성화 -학생 구성원 다양화 -소외계층에 대한 전형 활성화

* 출처: 교육인적자원부.

이는 앞으로 대학입학 정책의 개선에 있어서도 우리 사회가 어떤 인재를 필요로 하고, 어떻게 내실 있는 학교교육을 이룰 것인가와 함께 현재 우리 사회 전반의 변화에 대한 요구를 어떻게 잘 반영하는가 하는 부분이 중요한 요소 중 하나가 될 것임을 짐작하게 하는 부분이다.

2) 대학수학능력시험과 논술시험의 현황과 문제점

현행 대학수학능력시험은 시험의 시기 및 회수, 결과의 활용 방법 등 기본골격은 유지하면서도 제7차 교육과정의 도입에 따라 여러 측면에서 변화가 있을 수밖에 없게 되었다. 먼저 현행 수능시험에서는 언어, 수리, 외국어(영어), 사회/과학/직업탐구, 제2외국어/한문의 다섯 영역 중에서 전부 또는 일부를 선택할 수 있도록 하고 있다. 수리영역에서는 '가'형과 '나'형 중 하나를 선택할 수 있고, 사회/과학/직업탐구영역에서는 세 영역 중에서 하나를 선택할 수 있다. 이 외에도 인문, 자연, 예·체능계열 구분이 없어지고, 실업계 고등학교 학생들을 위한 직업탐구영역이 신설되었다는 점이다. 또한, 고등학교 2~3학년에서 배우는 심화선택 교과목 중심으로 출제됨으로써, 국민공통 기본교육과정(고1)에 속하는 교과목은 간접적인 출제범위에만 포함되었다. 그리고 성적통지표에서 원점수, 원점수에 의한 백분위점수, 종합등급은 제공하지 않으며 그 대신 영역/과목별 표준점수와 백분위 및 등급만 제공된다.

이와 같이 현행 대학수학능력시험 방안은 이전에 비하여 제7차 교육과정의 전면 도입에 발맞추어 보다 다양화·전문화된 측면이 있다. 그중에서도 학생들의 교과목 선택권의 확대, 영역의 다양성, 계열 구분의 폐지, 그리고 성적통지표 방식의 개선 등은 바람직한 변화라고 평가할 수 있다. 그렇지만 현행 대학수학능력시험은 여전히 평준화된 입시 체제의 한계를 벗어나지 못하고 있어서 제7차 교육과정의 변화를 충분히 수용하지 못한 측면도 있는 것으로 평가된다.

우선 수학능력시험은 제7차 교육과정의 도입과 함께 학생의 선택폭을 넓히는 변화를 시도하고 있지만, 아직도 '평준화된 시험'의 틀을 벗어나지 못하고 있다. 여전히 수학능력시험은 학생들의 다양한 능력과 관계없이 일정한 틀의 시험을 보도록 하고 있는 것이다. 제7차 교육과정에서 비록 학생들의 교과목 선택의 폭이 확대되었지만, 학생들의 학업능력의 차이에 따라서 능력이 우수한 학생에게 더욱 심화된 학습의 기회를 제공하고 뒤처지는 학생에게는 보충교육을 제공하기 위한 교과목의 선택은 여전히 제한되어 있다. 이러한 선택의 확대가 어떻게 학생 개인의 관심과 재능 있는 분야에 보다 더 수준 높고 심화된 학습을 가능하게 할 수 있을 것인가 하는 문제에 대하여 깊이 있게 고민할 필요가 있겠다.

이와 함께 현재 우리나라에서 시행되고 있는 논술시험은 당초에 의도했던, 학생들의 사고의 깊이를 측정함으로써 학생들의 사고력, 논증력, 이해력, 분석력, 표현력 등의 증진이라는 목표를 달성하지 못하고 대학진학에서의 변별의 수단으로만 사용되고 있으며, 사교육비를 증가시키는 원인으로 지적되고 있는 등 많은 문제점을 노출하고 있다. 본래 논술고사는 다양한 분야의 글을 이해하고 여러 가지 생활체험과 독서를 통해 형성된 논리적, 비판적 사고를 바탕으로 자신의 주장과 견해를 논리적으로 서술할 수 있는 능력을 평가하는 것이다. 하지만 우리나라의 논술시험은 평가의 기준이 내용의 참신성, 창의성, 논리적 표현력 등이 아니라 평가기준의 공정성 등으로 인해 미리 정한 논술가이드라인에 의하여 채점을 하기 때문에 학원에서 배운 내용을 사용하면 더 높은 점수를 얻고, 결국 학생들은 자신의 창의적 생각을 답지에 표현하는 대신 학원에서 배운 표현 방법, 어휘 등을 사용하게 된다. 이와 같은 현상을 해결하기 위해서는 평가의 기준을 제시문의 분석력, 이해력과 함께 학생들의 창의성과 자신의 논리를 근거 있게 전개하는 능력을 고려해야 하는데, 이는 각 학교별로 다양한 평가기준의 보장과 연계되는 문제이다. 현재 교육부에서 논술평가의 공개성을 근거로 제공하는 논술가이드라인은 논술을 또 다른 선택형 문제로 만들 소지가 있다. 논술평가의 공개성을 이유로 정부가 대학의 학생선발에 개입하는 것은 과도한 간섭이며, 이는 학교교육 정상화에도 도움이 되지 않는다고 본다.

2. 대학입시제도의 개선방안

1) 대학입시제도의 방향 및 기본 전제

대학입시제도 또는 대학에서의 학생선발제도를 개선하기 위해서는 우선적으로, 종합적인 안목에서 대학관련 변수들 간의 역동적인 관련성을 고려하면서 대안을 강구할 필요가 있다. 대학관련 삼불(三不) 정책을 위시하여 고교성적 내신문제, 대학수학능력시험 관련문제, 대학입시 관련정보 및 서비스 제공 문제 등을 상호연관시켜 근본적인 정책기조를 설정하고 그를 바탕으로 구체적인 정책을 수립하는 체계적인 노력이 요구된다. 여기서는 관련 변수들 간의 종합적인 맥락을 파악하고 그를 바탕으로 지향해야 할 정책 기조를 설정하는 데 우선적으로 중점을 두고 접근하고자 한다. 이는 과거 여러 차례 대학입시제도를 부분적으로, 외형적으로 드러난 면만을 다루어 땜질식으로 개선하려고 시도했기 때문에 근본적인 대안을 강구하기 어려웠고, 부분적으로 개선된 방안은 필연적으로 시행착오를 피하기 어려웠던 경험이 있기 때문이다.

우선적으로 대학입시제도와 관련된 정책을 변화시키거나 새롭게 수립하는 경우에는 소위 '삼불(三不) 정책(본고사 금지, 고교등급제 금지, 기여입학제 금지)'에 대한 기본입장을 명료하게 설정하는 일이 선결과제가 되어야 한다. 정부차원에서 그동안 유지해 온 삼불 정책을 변화시키기 위해서는 평준화교육 정책에 대한 정부의 근본 입장과 미래 지향적인 국가적 교육 혁신방침(교육 정책 기조)과의 관련성을 중시해야 하는데, 두 가지 기본적인 정책 기조와의 관계하에서 삼불 정책을 어떻게 변화시킬 것인가 하는 기본적인 입장을 설정해야만 된다는 것이다. 교육 정책의 두 가지 큰 줄기와의 관련성을 고려하지 않은 상태에서 새로운 정책을 추가하거나 기존 정책을 변화시키는 경우에는 교육 정책 간의 불일치 현상이 발생할 수 있기 때문이다.

이러한 관점에서 시대적 · 사회적 요구를 반영하기에 적합한 교육 정책의 근간을 결정하기 위해서는 30여 년간 지속되어 온 평준화 정책을 점진적으로 변화시킬 것이냐 또는 근본적으로 개혁해 나가느냐 중에서 선택하지 않으면 안 된다. 핵심적인 교육 정책 기조와의 연계하에서 논리적으로나 실제적으로 대학자율화 문제와 대학의 학생선발 정책을 결정해 나가야 할 필요가 있다는 것이다. 특히 그동안 여러 정권에서 취해 온 대학입시제도를 포함한 교육문제에 대한 대증적 대응이나 처치로는 교육문제를 근본적으로 해결할 수 없고, 다만 당분간 완화하거나 미봉책에 불과한 것이었다. 따라서 기존 정책의 변화가 오히려 교육문제를 심화시킬 수도 있기 때문에, 대학관련 변수들 간의 역동적 연관성을 고려하면서 근본적인 해결방안을 추구해 나가야 한다는 인식을 가지고 접근해야 할 것이다.

먼저, 고교평준화 정책의 창조적 변화를 기초로 하여 대학의 자율화를 강화하는 방향으로 점진적이며 체계적 개혁을 추구하는 정책이 필요하다. 기존 평준화 정책에 대한 기본입장을 명료화한 상태에서 출발해야 하므로, 평준화 정책을 완전히 해체하고 새로운 자유경쟁 중심의 교육 정책을 펼 것이냐, 아니면 평준화 정책을 부분적으로 개선해 나가는 정책을 펼 것이냐를 결정해야 한다. 정책의 변화는 시간이 필요하므로 현재의 평준화제도를 일시에 전격적 해체를 해서는 안 되고, 기존의 고교평준화 정책의 근간을 수용하고 단계적으로 개선하는 방안을 취해야 할 것이다. 현행 교육 정책에 자유경쟁논리를 보완하여 현행보다 많은 학교의 자율화를 보장하되, 특히 사립학교의 경우에는 희망하는 학교에 완전 자율화를 보장하는 방안을 포함하여, 기존의 평준화 정책을 점진적으로 개선해 나가는 기본방향을 취할 필요가 있다. 다시 말해서 기본적으로 사립학교는 점진적으로 완전 자율화 방향으로 가고, 공립은 현재의 틀을 유지하되 학교의 종류를 다양화하며 단, 공립 중에서도 비평준화를 원하는 지역들은 자율성이 존중되도록 해야 할 것이다. 여기서 특별히 고려할 사항으로는 기존의 평준화 정책의 고질병을 근본적으로 치료하기 위해서, 그리고 기존의 정부와 차별화된 교육 정책을 펴 나가기 위해서 그 속도를 고려하여 평준화 정책을 근본적으로 자유경쟁 중심의 정책으로 변화시키지 않으면 안 된다는 것이다. 다만, 그 변화로 인한 충격을 최소화하기 위해서 평준화 정책의 부분적이며 점진적인 변화를 추구하는 것이 바람직하다고 볼 수 있다. 그러나 근본적으로 평준화 정책이 아닌 새로운 자유경쟁

중심의 비평준화 정책으로 정책 기조를 전환시켜야만 하는 것만은 명료화시켜야 기존 정부의 교육 정책과 차별화를 기할 수 있을 것이다. 그러기 위해서 교육공동체의 공감을 얻어내는 보다 체계적인 노력을 경주하는 동시에, 새로운 교육 정책 방향에 대한 국민들의 불안이나 반대논리의 공격에 대응하는 방안을 적극적으로 강구할 필요가 있다.

국가경쟁력 강화와 교육 선진화 차원에서 '삼불(三不) 정책'에 대한 대안을 강구하기 위해 다양한 정책적 방안을 찾아야 할 필요가 있다. 그러한 결과에 입각하여 국민적 합의와 교육공동체의 지원하에서, 개별 대학이 단순한 본고사 성적이나 내신성적만으로 학생을 선발하지 않고 다단계 절차를 거치면서 다양한 전형자료에 입각한 타당하고 신뢰성 있는 학생선발 체제를 대학의 특성에 맞게 정착시켜 나가는 것을 기본원칙으로 수용하고, 그를 국가적 차원에서 지원하고 또는 국민적 차원에서 합의하고 수용하도록 노력하는 데 중점을 두어야 한다.

논술고사를 포함한 대학 본고사 실시로 인한 고교와 사회에 대한 부담을 크게 완화시켜 나가는 정책도 병행시켜야 하는데, 교육 선진화를 기하기 위해서는 선진국에서와 같이 지필고사를 치르는 형식의 대학 본고사가 근본적으로 사라지도록 해야 하며, 고부담 시험을 폐지하는 근본 정책하에서 고교 내신제의 변화와 수능의 개선을 꾀하는 방향이 바람직하다. 우선적으로, 논술가이드라인이 무용지물이 되도록 하며, 고교 내신제로 인한 문제의 근본적인 해결과 고교교육의 자율성, 독자성을 추구하기 위한 여건을 조성하는 데에도 관심을 기울여야 한다.

대학별 본고사 문제, 논술고사 문제, 수능 문제, 내신성적 반영 문제, 다양한 선발방안의 개발 문제 등 개별 대학마다 선진국형 학생선발 체제를 연구개발하고, 그를 지속적으로 개선해 나가는 노력이 요구된다. 이 경우 대학이 가장 중시해야 할 것은 고교에서의 학생과 교사들, 그리고 학부모들의 부담을 감소시키는 노력과 그 파급효과를 고려하면서, 고교에서의 정상적인 교육과정 운영을 지원하고 보장하는 방향으로 학생선발 체제를 탄력적으로 개선해 나갈 필요가 있다는 것이다. 선진국형 선발 체제를 구축하여 운영하기 위한 노력의 방편으로 대학들이 학생들의 입장에서 선택하는 데 용이한 비교적 표준화된 전형절차와 방법, 근거자료의 제시 방식을 추구하는 것이 바람직하다. 이는 입시제도로서가 아니라 학생선발 기능을 원활하게 추구할 수 있도록 국가적 차원에서 대학교육협의회와 같은 대학연합체적 노력에 입각하여 관련 정보 및 서비스를 제공하여 수험생의 노력과 시간을 절약하는 동시에 대학별 노력과 시간 및 경비를 절약하는 방향으로 대학입학 관련 정보 및 서비스의 종합적 관리 체제를 구축하여 운영하는 방향으로 나가는 것이 요구된다.

요약하자면, 대학의 학생선발 체제를 자율화하면서 고려해야 할 것은 학교 간 성적격차를 어느 정도 인정하는 동시에, 학교 간 성적격차를 해소하기 위한 정책을 강력하게 추진할 필요가 있으며, 다단계 다중 전형근거자료에 입각해 대학별로 독자적인 선발 체제를 운영하는 것을 인정하되 개별 대학의 학생에 대한, 그리고 학부모에 대한 책무성을 크게 강화하는 정책을 병행할 필요가 있다는 점이다. 외형적으로 보아 가장 선진국형 학생선발 체제에 유사한 형태로의 전환을 희망한다면, 미국형 대학 자율화 형태를 따라 대학 본고사를 고려하지 않은 상태에서 학교별 성적격차를 어느 정도 인정하는 형식을 고려해 볼 수 있다. 그리고 장기적으로는 대학별로 가장 효율적인 학생선발 체제를 구축하여 운영하되, 학과 단위 또는 전공별로 학생선발에 관한 완전한 자율성과 책무성을 보장해 주어 전공별로 적절한 학생을 선발하는 독자적인 전형절차와 방식을 추구해 나가도록 지원해야 한다.

2) 대학입시제도 개선을 위한 제안

대학수학능력시험의 발전적 개선을 통하여 변별력 있는 전형근거자료를 확보할 수 있도록 허용하며 대학별 논술시험의 필요성을 절감시켜 나가야 한다. 이와 더불어 학교 간 성적격차 문제를 근본적으로 해결하기 위한 종합적 질 관리 체제를 구축 운영하고, 초중등교육의 내실화와 고교교육의 자율화 및 특성화를 전폭적으로 지원하는 정책이 절실히 요구된다. 이를 위하여, 상대평가식 규준지향 평가로부터 준거지향 절대평가식 내신제로의 전환을 원칙으로 하고 성적 부풀리기 문제를 해결하기 위한 근본적인 해결책을 찾아야 한다. 즉, 국가적 차원의 교육과정에 입각한 학력검사를 정례적으로 실시하고, 그를 통하여 실질적인 교육의 질 관리가 가능하도록 하는 방안을 강구하는 것과 더불어, 대학의 학생선발의 타당성과 유용성을 제고하는 동시에 고교에서의 교육과정 운영의 정상화와 교육활동의 질 관리에의 기여도를 제고하는 절충점을 찾아 대학수학능력시험의 기능(역할)을 보다 정교화하고 분화시켜 나가야 한다.

이와 함께 고려할 사항으로는 고교 내신성적의 타당화 장치를 강구하고(학교평가를 통한 다양한 질 관리방안), 교육과정에 기초한 국가수준 학력검사를 포함한 다양한 내신자료 확보방안을 마련해 논술시험을 저부담 시험으로 전환시키거나 논술시험의 필요성을 최소화시켜 나가기 위한 연구개발 노력이 필요하다.

(1) 대학수학능력시험의 개선

대학수학능력시험의 발전적 변화를 위해 변별력 있는 다양한 전형근거자료의 확보가 가능해야 한다. 대학에 수능시험의 활용에 대한 자율성을 확대하고 대학의 학생선발 전형자료의 변별도를 제고시키는 일과 함께 논술시험의 필요성을 최소화시켜 나가는 정책을 병행해서 추구할 만하다.

단기간 내에 대학수학능력시험 점수(2008년부터 9등급)의 활용방안에 관해서도 바람직한 변화를 꾀하는 것이 요구된다. 우선적으로 수능시험의 이원화와 그 실시의 다원화로의 전환을 꾀하는 것이 필요하다. 이와 같은 노력과 함께 각 대학에서 전문적이고 체계적인 입시관리를 위해 '입시사정관'제를 도입하여 운영할 필요가 있다.

(2) 대학입학 관련 정보 및 서비스의 체계화

대학입학과 학생선발 관련 정보 및 서비스에 투자하는 엄청난 비용과 노력을 절감시키고, 공신력 있는 입학 정보와 서비스를 제공받을 수 있는 기구를 제도화하여 활용하는 방안을 찾을 필요가 있다. 이 기구의 기능을 활성화함으로써 개별 대학의 재정 상태가 좋지 않은데도 입학사정관을 별도로 채용해야 하는 등의 학생선발 관련 비용과 노력을 절약할 수 있는 동시에 학부모와 학생들에게 유용한 정보와 서비스를 공신력 있게 제공할 수 있게 된다. 따라서 대학입학 관련

정보의 체계적인 관리 체제를 구축, 운영하여 수험생 및 학부모와 교육공동체에 대한 책무성을 강화하는 동시에 대학경쟁력을 향상시켜 나가도록 한다.

대학과 관련된 여러 가지 변수를 패키지로 묶어 종합적인 처치를 함으로써 고등교육 정책상의 개혁적 변화를 기할 수 있는 배려가 필요하다. 특히, '대학별 본고사 실시 문제'–'학교등급제 문제'–'기여입학제 문제' 등을 총체적 관점에서 상호연계시켜 다룰 필요가 있다. 구체적으로는 대학의 학생선발을 완전 자율화하되 대학별 본고사의 필요성을 근절시키는 방향으로 유도하고, 다양한 전형근거자료에 입각한 다단계 절차를 중시하는 방안을 개별 대학들이 연구개발하도록 할 필요가 있다. 그리고 개별 대학에 대한 개인적 차원에서의 기여입학제를 지양하고 개인이나 기업들이 대학 전체 연합체(대학교육협의회와 같은 대학경쟁력 제고를 위한 대학들의 연합체적 기구)에 기여하도록 권장하여 공공적 기여제를 체계화함으로써 대학연합체로 하여금 대학입학 정보도 관리하고 서비스를 제공하기 위한 재정 확보방안과도 연계시킬 수 있는 방안을 추구할 만하다. 또는 기여입학제 기금은 모두 학생들의 장학금으로 환원되게 하거나 등록금 인하와 연계한다면 대학의 재정 확보에 상당한 도움이 될 수 있을 것이다.

한편, 대학 졸업생을 취업시켜 활용하는 숫자를 고려하여 기업들이 상당한 정도의 고등교육채권(예: 대학세계화채권)을 구입한다든지, 매출액 규모에 따라 교육기여금을 제공하는 방안을 개발하여 대학 재정을 크게 확보하는 방안(가칭 대학발전기금)도 검토해 볼 만하다.

제 7 장 자율성과 다양성이 살아 숨쉬는 사학

1. 사학 운영 환경의 변화

사립학교는 국가가 아닌 개인이나 단체가 설립한 사학법인이 운영하는 학교이다. 우리나라에서는 근대화, 산업화 과정에서 사학들이 교육을 통해 큰 기여를 해 왔으며, 현재에도 여전히 사학은 국가교육의 중추적 역할을 담당하고 있다(서정화 외, 2006; 송광용 외, 2000). 하지만 최근 들어 일부 사학의 비리나 부조리 등으로 인해 사학에 대한 비판이 거세지고 있으며, 사학 개선을 바라는 목소리들이 높아지고 있다. 따라서 사학의 현재 상황을 되돌아보고 향후 발전 방향과 비전을 모색해 볼 필요가 있다. 우선 사학 운영을 둘러싼 환경의 변화를 이해하는 일이 사학의 미래 설계를 위해 중요한 일이라 할 수 있다.

첫째, 정보화 및 세계화의 가속화다. 정보화의 진전으로 다양한 교육의 형태가 새롭게 창출되고 있는데, 이는 전통적 교육의 형태에 대한 도전이기도 하다. 사학은 대체적으로 전통적 학교의 틀 속에서 교육활동을 수행해 왔는데, 변화된 환경은 사학 교육의 전통적 틀의 변화 모색을 촉구하고 있다. 세계화 역시 사학 교육에 있어 기회이자 위기이다. 세계화는 교육의 관심과 영역을 세계로 넓히는 계기가 되었는데, 국내 혹은 지역 교육의 관점에 머물렀던 그동안의 사학 교육의 관점도 이제 변화를 요구받고 있다.

둘째, 교육 민주화의 진전이다. 1980~90년대를 거치면서 사회의 민주화 진전은 교육 민주화로 이어졌다. 즉 학교교육에 대한 학생, 학부모, 시민단체, 지역 등의 참여가 늘어났으며, 일부 영역에서는 오히려 그에 따른 부작용을 우려할 정도이다. 다양한 교육 주체들의 학교교육에의 참여는 사학 운영에 대한 새로운 관점을 요구하고 있다(김용호 외, 2003). 다만, 사학 운영의 자율성과 전문성을 해치지 않는 범위 내에서 참여의 방향이 결정되어야 한다.

셋째, 사회 전반에서 경쟁 체제가 강화되고 있다. 정보화, 세계화 등 환경 변화로 인해 사회의 거의 모든 영역에서 경쟁이 치열해지고 있다. 경쟁의 대상과 범위도 넓어져 전 세계적 경쟁 환경에 직면하고 있다(황규호, 1998). 사학 교육 역시 사학 간의 경쟁, 국·공립학교와의 경쟁, 다른 나라 학교들과의 경쟁 등 다양한 경쟁 환경에 놓이게 되어, 경쟁 체제에 대한 대응전략 마련이 필요하다.

이와 같이 사학은 사학 자체의 변화나 개선을 위한 노력이 요구되는 동시에 사학을 둘러싼 여러 환경 변화로 인해 사학 교육의 새로운 방향 정립이 시급히 필요한 시점이다.

2. 우리나라 사학 운영의 현황 및 사학 정책의 문제점

1) 우리나라 사학 운영 현황

2006년 현재 우리나라의 중학교 이상의 교육기관 수는 모두 5,470개인데, 이 중에서 사학이 1,892개로 전체의 34.6%에 해당한다. 이를 세분하면, 중학교의 사학 비중은 22.0%인 데 비해 고등학교는 44.0%로 전체 고등학교 수의 절반에 가까운 수준이며, 특히 전문대학과 대학은 각각 91.4%와 85.7%로 그 비중이 대단히 크다.

학생 수에서 볼 때도 사학의 비중은 매우 크다. 중등 부문의 경우, 전체 중등학생의 32.3%가 사학에 다니고 있는데, 중학교에 18.5%, 고등학교에는 절반에 가까운 48.4%의 학생들이 각각 재학하고 있다. 고등 부문에서는 그 비중이 더욱 커 전체 대학생의 83.8%가 사학에 재학 중이다. 이러한 사실은 우리나라 학교교육 전반에 미치는 사학의 영향과 공헌이 그만큼 크다는 것을 나타낸다(김윤태, 2004).

[표 7-1] 사립학교 개황

학교급 및 계열	학교 수(개)		학생 수(명)		교원 수(명)	
	계	사립(%)	계	사립(%)	계	사립(%)
중	2,999	659(22.0)	2,075,311	383,922(18.5)	106,919	19,862(18.6)
고	2,144	944(44.0)	1,775,857	859,810(48.4)	154,683	71,104(46.0)
전문대	152	139(91.4)	817,994	784,441(95.9)	11,857	11,259(95.0)
대 학	175	150(85.7)	1,888,436	1,483,180(78.5)	51,859	38,474(74.2)

* 출처: 교육인적자원부, 한국교육개발원. 교육통계연보(2006).

그러나 이처럼 큰 비중과 국가사회 발전에 대한 공헌에도 불구하고, 우리나라의 사학이 정부의 통제를 지나치게 많이 받는다는 사실은 누구도 부인하기 어렵다. 이것은 교육을 공공재로 간주하려는 정치적 필요와 사회적 의식이 정부의 사학 정책에 반영된 결과이다. 해방 이후 교육이 갖는 사회적 형평기제로서의 기능이 과다하게 강조됨으로써 일종의 교육평등주의가 사회적 의식의 저변에 강하게 자리 잡게 되었고, 1960년대 이후 사학팽창기에 불가피하게 등장한 일부 비리사학에 대한 공공적 감시 체제를 상존시켜야 한다는 요구가 정부의 사학 통제 체제를 지속시킨 원인이 되었다(정진곤 외, 2001). 이에 더하여 30년 이상 지속되어 온 중등학교 평준화 정책으로 인해 학생선발과 학교 재정 확보에 있어서 사학의 자립지향적 구조는 해체되었다고 해도 과언이 아니다.

그러나 사회의 다원화가 심화되고 경제적 삶의 수준이 크게 향상됨에 따라 교육의 공공성과 사학의 관계에 대한 새로운 사회적 이해가 요청되고 있다. 사학의 공공성을 지나치게 강조하는 종래의 인식하에서 다루기에는 더이상 적절하지 않은 사회적, 경제적, 문화적 발전단계에 들어선 것이다. 이제는 사학교육의 체제와 운영방식을 다양화, 선진화할 수 있는 혁신적인 정책기획이 시급하고, 또한 절실히 요구되고 있다.

2) 우리나라 사학 정책의 문제점

현재 우리나라 사학 정책의 문제점으로는, (1) 사학에 대한 국가통제의 심화, (2) 사학에 대한 자율권 보장 미흡 및 학교 설립 및 운영의 유연성 부족, (3) 사학 운영에 대한 지나친 간섭 및 규제, (4) 사학관련 지방교육자치 체제 구축 미흡, (5) 사학에 대한 지원 체제의 미비 등을 들 수 있다.

(1) 사학에 대한 국가통제의 심화

사학에 대한 국가의 통제는 여전히 계속되고 있다. 우선, 사립 중학교는 1968년 중학교 무시험 진학제 실시와 함께 공·사립 간 공납금 차등화가 불가능해지면서 학교 재정의 공핍화가 시작되었다. 무시험 진학제가 실시된 이후에 학교 시설이나 교육활동의 평준화에 소요되는 막대한 재정 부담을 정부의 지원 없이 스스로 충당하는 과정에서 결정적으로 재정의 영세화가 초래되었기 때문이다. 1978년부터 운영비 부족분을 국고에서 보조받으며 경상비의 80% 이상을 정부에 의존할 정도로 자립 능력을 상실한 채 현재에 이르렀다. 이런 상황에서 2002년부터 무상 의무교육이 도시 지역까지 전면 확대 실시되면서 학교의 유일한 재원인 공납금 재원마저 사라지고 학교 운영비 대부분을 국고에서 지원받게 됨에 따라, 사립 중학교는 운영면에서 공립학교와 차별성을 기하기 어려워졌다.

사학에 대한 정부의 관료적 규제는 고교 단계에서도 예외 없이 적용되었다. 1974년에 도입된 평준화 정책으로 사립고교는 학생선발권이 없어지고, 납입금도 공립학교와 동일한 수준으로 맞춰지면서 대다수 사립고교가 재정난에 직면하였다. 교육과정 편성 및 운영에 있어서도 사학의 독자적 전통과 건학이념을 구현하기가 불가능하게 되었다. 고교평준화를 강력히 추진하기 위해 공립학교와 똑같은 행정규제를 받게 됨으로써 개별 사학이 지향하는 교육의 독자성은 크게 위축되었다.

고교평준화 정책은 중등교육의 보편성과 통일성의 원리를 교육실제에서 구현하려는 정부의 의지가 반영된 것이었다. 그러나 중등교육의 보편성과 일반성이 어느 정도 달성된 지금, 중등교육의 실제 모습은 공·사학을 막론하고 특색 없는 획일적인 교육으로 나타나고 있다. 획일적인 교육은 학습자의 다양한 요구와 개성을 반영하고 함양하는 데 있어서 한계를 지닐 수밖에 없다(최준렬 외, 1997).

(2) 사학에 대한 자율권 보장 미흡 및 학교 설립 및 운영의 유연성 부족

우리나라는 정책적으로 사학에 대한 자율권 보장이 미흡하다. 사립학교는 학교 운영의 자율권을 가져 다양하고 특성화된 교육을 실천할 수 있어야 한다. 그러나 전술한 바와 같이 사립학교는 학생선발, 교육과정 운영, 등록금 책정 등에 제약을 받고 있다. 이는 사학 정책이 사학의 특수성과 독자성을 보장하기 보다는 공공성을 우선시하는 기조에서 변화가 없음을 의미한다.

또한 사립학교의 설립, 폐지, 운영 등과 관련하여 유연성이 부족하고 경직되어 있다는 것도 문제다. 우선, 학교 폐지와 관련하여 사학에 대한 평준화 제도가 규제 위주의 정책 기조와 맞물려 고착되면서 사학 경영자들 중에는 학교 운영을 지속하는 데 큰 부담을 느끼고 학교 폐지를 원하는 심리가 점차 늘고 있다. 이러한 경우는 중학교 단계에서 두드러진다. 사립 중학교는 고교에 비해 사회적 관심과 지원도 부족하고, 정부 또한 학교 체제의 다양화 등을 위해 별다른 정책적 노력을 기울이지 않는 등 불리한 상황이 중첩되어 있다. 한 연구에서는 조사 대상의 약 20%에 가까운 사립 중학교가 운영을 포기하거나 다른 교육기관으로 전환하기를 바라는 것으로 나타났다(정진곤 외, 2001).

지역적으로는 농·산·어촌 소재의 학교들이 폐교나 전환의 필요성을 크게 느끼고 있다. 농·산·어촌 지역의 학교는 취학 전 연령 인구의 절대적 감소 추세에 따라 소규모화·영세화가 빠르게 진행되고 있다. 학생 수 및 학급 수가 적어 학교 운영에 필요한 단위비용이 적정 규모의 학교보다 크게 늘어남으로써 교육 투자의 효과도 낮은 실정이다.

정부는 이런 영세한 사학의 자발적인 해산을 촉진하고, 학생들에게 보다 나은 교육 여건에서 학습할 수 있는 기회를 제공하기 위해 1998년부터 사립학교법에 해산특례규정(법 제35조의 2)을 도입, 운영해 왔다. 이 특례규정에 의한 학교법인 해산 시 설립자는 잔여재산을 귀속받을 수 있다. 그러나 특례규정 시행에도 설립자들은 과도한 증여세 부담으로 해산을 적극적으로 추진하지 못한 경향이 있었다.[1] 이에 따라 정부는 2004년 특례규정의 개정을 통해 정부나 지방자치단체가 해산하는 학교법인이 보유한 기본재산 평가액의 30% 이내에서 해산장려금을 지급하거나, 학교교육에 직접 사용되었던 재산을 직접 매입할 수 있도록 했다. 그러나 정부나 지자체 모두 예산 부족 등의 이유로

1) 1998~2003년간 동 특례규정에 의해 해산한 사학법인은 14개에 불과하다(교육인적자원부, 2004).

지원을 기피하는 바람에 특례규정 자체가 유명무실한 상태였다. 그나마 이 특례규정은 2006년 말까지 한시적으로 운용된 조항이어서, 현재는 영세사학의 설립자가 잔여재산을 돌려받고 학교를 해산하는 일이 더이상 불가능한 상태이다.

(3) 사학 운영에 대한 지나친 간섭 및 규제

대체적으로 사학에 대한 규제 및 간섭은 사립학교법을 통해 행해지는데, 사립학교법은 그 제정 시부터 사학의 공공성 확보를 위한 통제적 측면에 크게 치우쳐 있다는 비판을 받아왔다(황준성, 2000; 제철웅, 2001; 김용호 외, 2003; 이석연 외, 2004; 정영환 외, 2004).

더 나아가 지난 2005년 12월의 법 개정을 통해서는 학교법인 임원의 1/4 이상은 학교운영위원회 또는 대학평의원회가 2배수 추천하는 인사 중에서 선임하도록 하고(제14조 제3항), 임원 승인의 취소사유를 대폭 확대하며(제20조의 2), 임원 선임의 제한사유를 확대해 친족이사의 비율을 1/4로 낮추고, 감사의 1인을 학교운영위원회나 대학평의원회에서 추천토록 하는 등(제21조 제2항, 제5항) 이사회 구성에서의 학교법인의 자율권을 대폭 축소시켰다.

이러한 사실은 사립학교법 자체가 사학의 공공성만을 앞세워 사학의 운영을 일상적으로 감시, 통제하는 장치로 기능하고 있음을 보여주는 단적인 예라 할 수 있다(김용호 외, 2003).

(4) 사학관련 지방교육자치 체제 구축 미흡

사학의 건전한 발달을 위해서는 국가의 사학 정책 못지않게 지방교육자치제도의 정착과 활성화가 중요하다. 현재 우리나라는 초·중등 교육을 지방자치단체의 고유사무로 규정하고 있다. 그러나 사학과 관련된 행정권한의 배분 규정은 이러한 지방교육자치제도의 본질에 반하는 문제점을 가지고 있다.

사립학교법 제4조에서는 초·중등의 학교법인과 학교기관의 관할청을 시·도 교육감으로 통일하고 있다. 이는 지방교육자치 실시 이후 초·중등의 국민보통교육이 지역의 자치사무에 속한다는 점을 고려한 것이다. 그러나 사립학교법 및 동법시행령의 여타 각 조항에서는 이러한 원칙이 제대로 지켜지지 않고 있다. 즉 학교법인의 경우는 교육인적자원부장관이(제10조, 제34조 제2항, 제36조, 제45조, 제47조 등), 학교기관은 시·도교육감이 관할청으로 된 경우가 많다.

사학의 운영과 관련한 많은 중요 규정들이 지방교육자치단체의 고유 자치사무로 처리되고 있지 않는 현실은 사학에 대한 정부의 중앙집중적 통제 의지가 여전함을 보여준다. 즉 사학을 규제와 감독의 대상으로 삼아 순치시키려는 관료적 사고가 아직도 팽배해 있다는 것을 의미한다. 오히려 지난 2005년 12월의 사립학교법 개정에서는 이런 규제지향적 태도가 한층 강화된 모습으로 나타났다.

(5) 사학에 대한 지원 체제의 미비

사학에 대한 지원 체제 미비도 사학 정책의 문제점이라고 할 수 있다. 현행 사립학교법에서 사학에 대한 육성과 지원에 관한 규정은 매우 드물다. 사립학교법 제43조부터 제48조까지는 사학에 대한 지원과 감독 사항을 규정하고 있다. 그러나 실질적인 의미의 지원 규정은 사학에 대해 재정적 지원을 할 수 있다고 한 제43조 제1항과 실업계 사학에 대한 우선적 지원을 규정한 제44조가 거의 전부다.

우리나라 헌법 제31조 제6항은 학교교육 및 평생교육을 포함한 교육제도와 그 운영, 교육 재정 및 교원의 지위에 관한 기본적인 사항은 법률로 정한다고 하여 교육제도 법정주의를 명백히 밝히고 있다. 따라서 공교육제도의 일환으로 시행되는 사학교육에 있어서 사학 재정에 관한 기본적인 사항 역시 법률로 정함이 마땅하다. 수업료 책정 및 학교법인의 수익사업에 대한 각종 규제권한이 정부에게 있는 상황에서 사학 재정 지원과 관련된 기본사항의 결정을 행정부나 지방자치단체에 위임해서는 곤란하며, 국회가 법률로 직접 규정해야 한다는 것이다.

이렇게 볼 때, 사립학교법 제43조 제1항은 정부의 적극적인 실천의지가 뒷받침되지 않은 선언적 규정에 불과할 뿐이며, 지원에 관한 구체적인 노력을 대통령령 또는 지방자치단체의 조례에 위임하는 것은 교육제도 법정주의의 헌법 원리에 반하는 것이다.

3. 사학 정책의 개선방안

사학 정책은 자율성, 공공성, 전문성 및 효율성 측면에서 그 개선방안을 모색해 보는 것이 유용해 보인다.

1) 사학의 자율성 보장

사학은 자율과 창의성을 바탕으로 국·공립학교들이 감당하기 어려운 교육활동을 수행하고 있으며, 사립학교의 비중이 높은 우리나라의 경우, 앞으로도 국가 교육 발전을 위해 중요한 역할을 담당할 것으로 예상된다. 따라서 국가에서는 사학이 사학으로서의 역할을 충실히 감당할 수 있도록 보장을 해 주어야 하는데, 그중에서도 사학의 자율성 보장은 그 핵심 요건이다.

탈산업화와 세계화 현상이 본격적으로 대두되면서 현재의 교육제도는 새로운 변화의 압력에 심각하게 노출되어 기존의 교육 체제와 운영방식에 대한 근본적 수정이 불가피하게 되었다. 특히 산업화 시대의 낡은 유산인 국가통제적 교육제도하에서 사학의 자율적 적응능력이 소멸되어 가는 것은 매우 심각한 문제이다. 사학은 사회와 교육의 환경적 변화에 대응하는 교육 체제의 능력을 신장시키는 전략적 중요성을 갖기 때문이다. 사학이 스스로 독자성을 추구해 나가고자 할 때, 그것을 돕지는 못할망정 기존 법령에 위배되는지 아닌지를 먼저 따지며 번번이 발목 붙잡기식의 통제를 가하는 후진적 사고로는 산업화 시대의 낡은 학교 체제에서 결코 벗어날 수 없다.

사학이 학교 운영의 자율성을 확보하는 일은 교육의 공공성 실현이라는 점과도 무관하지 않다. 과거에는 국민 모두에게 최소한의 교육받을 권리를 누리도록 하는 것이 공공성의 핵심이었다. 그러나 중등단계에서의 완전 취학을 달성한 현재에는 교육 선택의 자유, 즉 다양하고 차별화된 교육을 보장하는 것이 공공성의 실현을 위한 과제로 대두되고 있다. 다시 말해, 교육의 공공성은 점차 보편성과 획일성보다는 다양성과 특성화 쪽으로 무게 중심을 옮겨가고 있다. 그런 점에서도 사학 운영의 자율화는 다양하고 특색 있는 교육을 위한 핵심조건으로서 매우 중요한 의미가 있다(서정화 외, 2001).

2) 사학의 공공성 보완

사학은 자율성을 바탕으로 창의적인 교육을 수행하면서, 동시에 국가 교육의 한 축을 담당하는 공공적 역할을 수행하고 있다. 따라서 사학의 공공성도 매우 중요하다. 이러한 인식을 바탕으로 사학들 역시 공공적 책무를 다하기 위해 최선의 노력을 기울여야 한다. 아울러 국가에서는 국가 교육의 일익을 담당하고 있는 사학의 기여와 가치를 인정하고 사학들이 공공적 역할을 제대로 수행할 수 있도록 적극 지원해야 한다.

이러한 사학에 대한 지원을 위해서 사학육성특별법의 제정이 필요하다. 현행 사립학교법의 개정만으로는 한계가 있다. 제정 당시부터 사학에 대한 감독과 통제 위주로 구성되었고, 잦은 개정으로 이제는 구성 체제 자체가 혼란스럽기 때문이다. 또한, 초·중등사학과 고등사학을 함께 규정함으로써 학교급에 맞는 진흥 및 육성방안들을 규정하는 데에도 한계가 있다. 따라서 사립학교법의 개정과 함께 국가의 사학에 대한 적극적인 지원과 육성의 의지를 담을 수 있는 독립된 법률의 제정이 절실하다.

3) 사학의 전문성(특성화) 신장

사학의 발전을 위해서는 사학의 전문성을 신장하고 사학의 특성화를 강화시키는 방향으로 나아가야 한다. 이를 위해서 우선적으로 평준화 제도에 대한 보완 및 대안이 시급히 마련되어야 한다. 우리 사회의 경제적, 문화적 발전에 대응하는 사학 운영 체제의 큰 변화가 요청되는 상황에서, 사립고에 대한 향후 정책 역시 획일적인 평준화 정책을 극복하는 데 모아져야 한다. 즉 공립학교와는 다른 사학만의 특수성을 인정하는, 다원화된 평준화 체제를 발전시켜 가야 하는 점이 중요하다. 이런 방향에서 사립 중 · 고등학교에 대해 제반 여건이 갖춰진 학교부터 전문화, 특성화할 수 있도록 보장해 주어야 한다.

학교들이 획일화되어 있는 중학교 단계와는 달리, 고교 단계에서는 이미 자립형 사립고제도 등이 운영되고 있는 만큼, 고등학교부터 학교 운영의 다양화를 시도해 볼 수 있다. 궁극적으로 희망하는 모든 사립고를 자립형 사립고로 전환시킨다는 인식아래, 단계적으로 이 범주에 속하는 학교들을 확대해 가는 것이 바람직하다. 특히 당장 모든 학교에 완전한 자율을 허용하기도 어렵고, 사립고에 자율권을 부여하는 것에 대한 부정적 여론 또한 만만치 않다는 점을 고려할 때, 단계적으로 자율 역량을 키워가도록 하는 것이 보다 현실적이다(서정화 외, 2001). 이에 따라 자립형 사립고제를 '시범도입기', '확산기', '정착기' 등 세 단계로 나눠 발전시키며 순차적으로 대상 학교를 늘려가는 것이 적절하다.

시범도입기는 사립고의 자율성 회복을 위한 첫 단계로서, 이 단계의 자립형 사립고는 사학의 자율성 회복을 위한 시범학교이다. 따라서 자립형 사립고는 어디까지나 과도기적으로 존재해야 할 학교이며, 궁극적으로는 공공성의 한 축을 담당하는 데 대한 보상으로서 최대한의 자율성과 더불어 국가의 재정 지원도 누릴 수 있어야 한다. 시범도입기는 건학이념과 재정이 건실하면서 자립고 전환을 희망하는 학교들을 대상으로 운영한다. 현재 시범 운영 중인 6개교보다 대상 학교 수를 크게 늘려 최소한 전체 일반계 사립고(2006년 현재 651개교)의 약 10% 정도는 포함되도록 해야 학생들에게 실질적인 학교선택 기회를 제공할 수 있다. 학생선발권과 납입금 책정권 등에서 최대한의 자율성을 부여하며, 재정 지원은 하지 않는다. 이와 동시에 건학이념이나 자립형 전환 의사는 분명하지만 재정 여건이 다소 미흡해 자립형 지정이 어려운 사립고는 '자율학교'[2]로 지정하여 학교 운영에 자율성을 최대한 부여하는 것이 바람직하다. 자립형 사립고로 전환한 학교에 지원되던 보조금은 자율학교나 영세한 학교들의 재정 기반 확충에 우선적으로 활용되어야 한다.

확산기는 시범도입기에 제도 운영의 결과 나타난 과제를 보완하여, 자율학교나 재정이 건실하고 건학이념이 분명하게 정립된 학교 중 희망하는 학교에 자립형 사립고에 준하는 자율성을 부여하는 시기이다. 이때 재정적 요건은 시범운영기에서의 기준보다 대폭 완화하는 것이 필요하다. 사학의 본령은 재정을 튼튼하게 하는 데 있는 것이 아니라, 특성화된 교육을 통해 다양성과 수월성을 추구하는 데 있기 때문이다.

---

2) 자율학교는 학교 운영을 제한하는 여러 가지 법적, 행정적 규제들을 획기적으로 제거한 이른바 탈규제학교이다. 1999년부터 3년간의 시범 운영을 거쳐 현재 특성화고, 예 · 체능고, 농어촌 지역 고교 등으로 지정 대상을 확대시켜 운영하고 있다.

학교를 독자적으로 운영할 수 있는 의지와 역량이 충분함에도 불구하고 재정이 튼튼하지 않다는 이유만으로 자율성에 제약을 받아서는 안 된다. 정부의 재정 지원도 최소한 현재 수준의 재정결함 보조금은 유지되어야 한다. 이 경우에도 납입금 인상률에 대한 정부 차원의 일정한 지침은 필요할 것이다.

정착기에는 원하는 사학 모두 최대한의 자율성을 부여한다. 이 시기에는 자립형 사립고라는 용어가 더이상 필요 없게 되고, 자율학교제는 국·공립학교만을 대상으로 하는 제도가 될 것이다. 수익자 부담 원칙에 입각하여 납입금을 적정수준에서 자율화하며 국가의 재정 지원은 학교보다는 학생을 기준으로 하는 것이 바람직하다. 즉, 국가가 정한 학생 1인당 표준교육비만큼의 금액을 학교에 지원하면, 학교는 그 금액과 책정한 납입금 간의 차액만큼을 학생들에게 징수하는 것이다.

사립 중학교의 종류와 운영 형태를 다양화하여 학교 운영 방식과 정부 지원의 구체적 내용을 서로 달리하도록 하는 것이 바람직하다. 학교 운영의 여건이 성숙되거나 사학으로서의 특성상 자율이 강조될 필요가 있는 학교에 대해서는 완전한 자율권을 부여하고, 아직 여건이 성숙되지 않거나 학교 간 경쟁을 원하지 않는 학교에 대해서는 공립학교 수준으로 지원과 감독을 하도록 한다.

4) 사학제도의 개선: 사학의 효율성 강화

경직되고 획일화되어 있는 사학 관련 제도들을 개선하여 사학 운영의 효율성을 기할 필요가 있다. 우선 사학의 설립 및 폐지를 유연화하고 지원해 줄 수 있어야 한다. 사학들이 학생 선발이나 납입금 책정 등에서 충분한 자율권을 가지고 저마다 학교 운영을 다양화, 특성화하기 위한 경쟁을 전개할 경우, 이런 경쟁에 부담을 느끼는 학교들 중에는 학교 운영을 폐지하는 쪽으로 진로를 잡으려 하는 경우도 적지 않을 것이다. 농·산·어촌 지역의 학교들 중에는 학생 수 급감으로 더 이상 학교를 유지하기 곤란하다는 이유로, 그리고 도시 지역의 학교들 중에는 학교경쟁력 강화 차원에서 한 법인 산하의 학교들을 소수화, 정예화하려는 사유로 각각 학교 운영을 포기하려는 경우가 나타날 수 있다. 이런 학교들에는 학교의 원활한 해산을 돕는 실효성 있는 행정적, 재정적 지원 방안을 마련해 주어야 한다.

농·산·어촌 지역의 경우, 2006년 12월까지 사립학교법과 조세특례제한법에 농·산·어촌 소규모학교의 해산과 관련한 한시적 특례조항이 시행된 바 있으므로, 다시 그 시한을 연장하거나 폐지하여 희망하는 법인들이 특례조항에서 정한 절차와 방식에 따라 해산할 수 있도록 하면 학교 폐지에 따른 어려움은 발생하지 않을 것이다.

한편 도시 지역에 있는 학교법인이 학교 폐지를 원하는 경우라면, 일단 농·산·어촌 영세사학의 해산 방식을 준용하는 것이 바람직하다. 학교법인의 설립자에게 원칙적으로 기본재산을 반환해 주고, 재직 교직원은 공립 특채하는 방안을 마련해야 한다. 그러나 반환되는 기본재산의 감정평가액이 일정 수준 이상으로 매우 높을 경우, 이 재산 전체를 그대로 반환해 주기는 곤란하다. 그래도 학교를 세우고 발전시켜 온 설립자의 공로에 대한 적정한 수준의 보상은 반드시 필요하다고 할 수 있다.

그리고 사립학교법의 재개정이 시급하다. 현행 사립학교법은 사학법인에게 규제가 너무 지나치고 사학에 대한 통제적 성격이 강한 법이라고 할 수 있다. 지난 2005년 12월 개정된 사립학교법은 학교법인 또는 학교의 내부 운영에 강력한 규제를 가하고 있으며, 관할청에 광범위한 지도·감독의 재량권을 부여하고 있다는 점에서도 확인된다. 이러한 법률적 여건하에서는 설립 취지에 따른 건학이념의 구현이라는 사학의 본질적인 내용마저 제약될 수밖에 없어 학교의 설립 목적 달성은 불가능하다. 그러므로 사학 운영의 자율성을 저해하고 건전한 발전을 가로막는 규제지향적 지도·감독 조항들을 과감히 폐지, 개선시켜 사학의 자율적인 발전을 도모하는 일은 대단히 중요한 과제라고 할 수 있다.

참고문헌

강영혜 외(2000). 자립형 사립 고등학교제도 도입방안 연구. 한국교육개발원.

강태중 외(1999). 고등학교 체제 개편에 관한 정책연구. 한국교육개발원.

곽삼근(1979). 중학교 의무교육화 시 사립 중학교 시책 방향에 관한 연구. 대한사립중고등학교장회.

교육개혁위원회(1996. 2). 세계화 · 정보화 시대를 주도하는 신교육 체제 수립을 위한 교육개혁 방안(Ⅱ), 제3차 대통령 보고서.

교육인적자원부(2004). 초 · 중등 영세사학 해산 적극 지원. 2004. 4. 2. 교육인적자원부 보도자료.

교육인적자원부, 한국교육개발원(2006). **교육통계연보.**

김송일(1999). 교육 경쟁과 중등사학의 개혁과제. 울산대 사회과학 논문집, 9(1).

김영철(2005). 한국 사학의 구조 · 기능 · 운영의 방향과 과제. 한국교육행정학회 2005년도 하계학술발표대회.

김용호 외(1997). 농어촌 중등사학의 운영 실태와 개선방안. 대한사립중고등학교장회.

김용호 외(2001). 자립형 사립고교 운영 방향에 관한 연구. 대한사립중고등학교장회.

김용호 외(2003). 중등사학육성특별법 제정에 관한 연구. 대한사립중고등학교장회.

김윤태(2004). 국가발전에 대한 사학의 기여. 한국교육행정학회 · 대한사립중고등학교장회 공동세미나 자료집.

김주후 외(2005). 자립형 사립 고등학교 시범운영 평가보고서. 한국교육개발원.

김종철 · 이규환(1979). 중학교 의무교육화에 따른 사립 중학교 시책의 방향. 대한사립중고등학교장회.

노종희(2001). 고등학교 체제의 다양화 확대방안. **교육행정학연구**, 19(1).

대한사립중고등학교장회(2004). 사학의 현안과제와 해결방안, 대한사립중고등학교장회 미 간행 내부자료.

박윤흔 외(1998). 학교법인의 법적 위상과 사립학교법의 바람직한 개정 방향에 관한 연구 –대학법인 및 사립대학을 중심으로–. 한국사립대학법인협의회.

박재윤 외(2000). 초·중등 사학운영 개선방안에 관한 연구. 한국교육개발원.

박재윤 외(2003). 2003년판 사립학교법편람. 한국문화사.

박종렬(2006). 건전사학 육성과 지원방안. 한국교육개발원 제31차 교육정책 포럼.

박찬주 외(1999). 중등사학의 육성과제와 발전 방향, 대한사립중고등학교장회.

서정화 외(2001). 이상적 사립고등학교의 운영 방향, 한국사립중고등학교법인 협의회.

서정화 외(2006). 사학교원 인사제도 개선방안 연구. 한국교원단체총연합회.

송광용 외(2000). 사학의 운영실태 및 개선방안 연구. 한국교원단체총연합회.

신현석(1998). 한국 사학 정책의 쟁점과 대안 그리고 선택(Ⅲ)–중등사학의 변화를 위한 대안의 탐색. **안암교육학연구**, 4(1).

이군현 의원실(2006). 개정 사립학교법의 문제점과 향후 개선 방향. 국회 미간행자료.

이병환(2003). 학교선택권의 입장에서 고교평준화 정책의 개선방안. **교육행정학연구**, 20(4).

이상주(1999). 새 천년의 국가발전을 위한 중등사학의 위상제고와 역할. 한국 사립중·고등학교법인협의회편. 새 천년을 위한 중등사학 정책 세미나 자료집.

이석연 외(2004). 학교법인의 임시이사제도 및 그 운영의 위헌성 연구. 한국대학법인협의회.

이일용(2003). 고등학교 평준화 정책과 사학. **교육학연구**, 41(4).

이일용(2004). 교육경쟁력 강화를 위한 사학 운영 체제 개선방안. 한국교육행정학회·대한사립중고등학교장회 공동세미나 자료집.

정영환 외(2004). 헌법 정신과 사학 이념에 관한 연구. 한국대학법인협의회.

정진곤 외(2001). 의무교육 확대 실시에 따른 사립 중학교의 위상 정립에 관한 연구. 교육인적자원부 교육정책연구, 201-특-34.

정진환 외(2001). 농어촌 소규모 사립 중등학교 통폐합 추진에 관한 연구. 한국사립중고등학교법인협의회.

제성호(2006). 사립학교법상 임시이사제도의 문제점과 개정 방향. 자유주의교육운동연합. 임시이사제도 개선을 위한 토론회 자료집.

제철웅(2001). 사립학교의 자율성과 관할청의 감독권한 간의 상호관계. 한국사학법인연합회.

조완규(1996). 사립 중등학교의 존립형태에 관한 연구. 한국교원대 박사학위 논문.

최준렬 외(1997). 자립형 사립 고등학교 운영모델 개발에 관한 연구. 자립형 사립 고등학교 운영모델 개발연구위원회.

허종렬(2004). 국민의 학교선택권과 사립학교의 다양화 · 특성화. 한국교육행정학회 · 대한사립중고등학교장회 공동세미나 자료집.

황규호(1998). **세계의 교육과 중등사학 - 영국**. 대한사립중고등학교장회 부설 한국사학교육연구소.

황준성(2000). 21세기 사학 발전을 위한 사립학교법 체제의 개편 방향. 대한사립중고등학교장회 편. **사학**, 겨울호.

제 3 부

자율과 경쟁의 원리가 존중되는 교육

제8장 사교육비 걱정 없는 알찬 공교육

'공교육 위기', '교육 엑서더스(exodus)'라는 말이 학교교육 문제의 실상을 나타내 주는 화두로 대두되고 있다. 조기유학을 위해 출국하는 학생이 하루 평균 56명에 달하고 있는데, 이 중 서울에서만 22명의 학생이 출국하고 있다고 한다.

'사교육' 문제도 또다시 쟁점이 되고 있다. 절반 이상의 학생들이 방과 후 사교육을 받고 있고, 사교육비 규모가 교육인적자원부 예산과 맞먹을 정도라고 분석되고 있다.

자녀들의 장래와 자아실현을 위해 기회와 여건이 더 좋은 쪽으로 이동을 하는 교육 엑서더스나 사교육 열풍은 사회 · 경제적 지위 향상과 교육에 대한 열망을 충족시키려는 노력으로서 자연스런 일일 수 있다. 그러나 문제는 학생 · 학부모의 교육적 요구를 학교교육에서 충족시켜주지 못하기 때문에 조기유학과 사교육 열풍이 더욱 강화됨으로써 학교교육의 공동화 현상 내지 학교교육의 기능 약화를 초래할 수 있다는 점이다. 이러한 문제들은 물론 교권에 대한 신뢰 추락과 학교의 권위 상실, 획일적인 교육과정 운영, 과밀학급, 벅찬 학습량과 암기식 수업, 잦은 입시제도 변경 등의 학교 공교육 부실화 현상과 복합적으로 맞물려 있다.

그동안 정부에서는 공교육의 내실화를 위해 교육과정 개정을 비롯해 교육 여건 개선에 계속적인 노력을 기울여왔다. 이를테면 제7차 교육과정의 개정으로 선택형 · 수준별 교육과정을 도입하여 수요자 중심 교육으로 전환하게 되었고, 특목고 · 자립고 · 대안학교 등을 설치 · 운영하도록 함으로써 평준화 정책을 보완하기도 하였다.

그러나 공교육에 대한 불신이 계속 제기되고 있고, 사교육비는 줄어들지 않고 있다.

여기에서는 공교육에서 제기되고 있는 문제점들을 살펴보고 사교육비 경감을 위한 과제들을 제시하고자 한다.

1. 시대적 상황 변화와 학교교육에의 요청

정치, 경제, 사회, 문화 등 시대적 흐름과 양상은 다음 몇 가지 측면에서 살펴볼 수 있다.

먼저, 무한경쟁시대에서 세계열강들과의 냉엄한 국제관계 속에서 생존해야 할 뿐 아니라 적극적으로 변화를 선도하고 주도할 수 있는 국가적 능력을 키워야 하는 과제를 안고 있다. 급변하는 시대적 상황과 남북 대치, 그리고 시대적 아픔과 굴절된 역사의 와중에서도 경이적인 경제성장을 이룩하여 이제 개발도상국에서 선진국으로 진입하는 길목에 와 있다. 비록 1997년 외환위기를 맞게 되어 IMF 지원을 받기도 했지만 온 국민이 힘을 모아 이러한 국가적 위기도 잘 극복함으로써 세계가 깜짝 놀랄 저력을 보여주었다. 이러한 저력과 잠재력은 서울올림픽과 월드컵, APEC 정상회담, 세계육상대회 유치를 가능하게 했고, 최근에는 미국과의 FTA 체결 등으로 새로운 도약을 위한 발판을 마련하고 있다.

그러나 우리사회는 정치, 경제 등의 비약적인 발전 과정에서 사회의 양극화 현상이 두드러지게 되었다. 특히, 외환위기 이후 경제적인 측면에서 상위층과 하위층의 격차가 더 커지면서 성장의 혜택을 함께 누리지 못하는 계층의 불만이 제기되고 있다. 더욱이 사회적 시민의식이 높아지면서 다양한 요구가 분출되고, NGO를 비롯한 시민단체들의 목소리가 커졌으며, 계층 간, 이해집단 간, 사회의 여러 분야에서 갈등과 대립이 끊임없이 제기되어 왔다. 그러나 이러한 상황을 부정적으로만 볼 것이 아니라 갈등과 마찰을 최소화하고 부작용을 줄이면서 이를 잘 활용하여 사회발전의 한 동인으로 활용할 수 있어야 한다.

또한, 인간다운 삶을 살고자하는 욕구가 증대되고 권리의식과 복지에 대한 관심도 높아지고 있다. 근자에 여유로운 삶에 대한 관심이 커지고 있는 가운데 우리사회는 이제 초고령사회로 급속히 전환되고 있는 것으로 보도되고 있다.

이러한 상황은 교육을 통해 우리가 길러야 할 인간의 모습과 자질이 어떠해야 하는지를 시사하고 있다. 그것은 각각의 개인이 타고난 소질과 개성, 잠재력을 최대한으로 키워주고 자아실현을 추구할 수 있는 교육 정책의 개발과 실천이 절실하다는 것이다.

아울러 교육을 통해 국가, 사회발전의 필요와 요구에 부응하는 창의적이고 유능하며 개방된 자세를 지닌 균형 잡힌 인력 양성의 필요성을 말해주고 있다. 또한 자유민주주의 이념과 시장경제 체제에 대한 이해와 민주시민 역량을 강화하고, 균형 잡힌 시민 가치관을 함양하는 동시에 공동체 의식을 고취할 필요가 있다. 그리고 더욱 효율적이고 효과적인 교육활동 수행과 교육프로그램의 운영, 그리고 시스템 운용을 요청하고 있다.

2. 공교육의 발전[1)]

우리의 교육은 양적인 측면에서 볼 때 세계적인 교육열을 바탕으로 정부의 적극적인 정책에 힘입어 교육의 기회가 크게 확대되었다. 초등학교 의무교육이 정착되었고 중학교 의무교육이 정착단계에 와 있으며, 고등학교 평준화 정책으로 서울과 지방, 도시와 농촌 간의 교육 여건의 격차도 많이 완화되었다. 2006년 현재 중학교 진학률이 99.9%, 고등학교 진학률이 99.5%에 달할 정도로 중등교육의 보편화를 가져

1) 공교육(public education)은 국가나 지방교육당국에 의해 실립 · 운영되는 학교 교육으로, 대체로 초 · 중등학교 교육으로 이해되고 있다. 여기서는 유 · 초 · 중등학교 교육으로 사용했다.

왔다. 이제 2005년 현재 국민의 평균 교육연수가 11.2년에 이를 정도로(통계청, 2007) 국민의 교육연수는 높게 나타나고 있다.

그리고 여러 차례에 걸친 교육과정 개편을 비롯해서 교육의 방법이나 평가 방식도 많이 바뀌었고, 막대한 재정을 투자하여 지속적인 교육정보화를 추진하여 우리나라 각급 초·중등학교의 정보화 진척 상황은 세계적인 수준에 이르고 있다. 게다가 각종 첨단기자재 확충도 이루어지는 등 교육 여건이 크게 개선되고 현대화되고 있다.

아울러, 학급당 학생 수를 비롯해서 교원 1인당 학생 수도 많이 줄어들었고, 교사의 수업부담도 줄어들고 있으며 처우 수준도 종전보다 상대적으로 많이 개선되었다.

또, 유·초·중등교육의 학업성취도도 세계적 수준을 나타내고 있고, 학생의 학습성취율도 OECD 국가 중 최고를 기록하고 있다. 몇 차례에 걸친 '국제 학생평가 프로그램(PISA)'과 '국제 수학·과학 학습경향(TIMSS)'이 각각 실시한 읽기, 수학·과학 능력, 문제해결력 테스트 등에서 한국이 최상위를 마크했다.

이 외에도 내적으로 수정·보완할 여러 가지 문제점이 있는 것도 사실이지만 한국교육개발원을 비롯해서 교육과정평가원, 한국학술정보원, 교육방송국 등의 설립으로 유·초·중등교육의 질적 향상을 유도하고 지원하며 촉진하는 연구, 지원 체제가 확립되고 있다.

그동안의 교육의 발전을 기술, 설명하는 데는 한계가 있지만 상당 부분 교육을 통해 개인의 자아실현을 돕는 한편으로 정치적 사회화와 인력충원 등 정치발전뿐 아니라 인력을 배출함으로써 국가경제의 발전에 긍정적 영향을 준 면도 있다. 아울러 새로운 가치관 형성과 사회적 이동을 포함하는 사회발전, 그리고 국민통합과 문화의 창달에 상당 부분 기여를 한 점도 사실이다.

이는 무엇보다도 세계적으로 유례를 찾아볼 수 없는 우리 국민의 강한 교육열을 토대로 정부의 지속적인 교육개혁 노력과 함께 교육활동을 담당하는 교원들의 노력과 헌신을 토대로 이루어진 결과라 할 수 있겠다.

3. 공교육의 현주소

우리의 교육이 양적인 측면에서 세계 수준에 달하고 있고, 유·초·중등교육의 기회가 확대되고 질적 수준도 많이 발전된 것이 사실이지만 교육에 대한 일반 국민의 만족도는 높지 못하고, 공교육에 대해 오히려 불만이 높은 것으로 지적되고 있다

공교육의 문제점들을 몇 가지 지적하면 다음과 같다.

1) 조기유학 증가 현상

한 조사에 의하면 10명 중 7명의 학부모가 조기유학에 관한 이야기를 들으면 자녀의 미래와 관련하여 불안해하고, 3명 중 1명이 '여건만 닿으면 자녀를 조기유학 보내고 싶다'고 생각하고 있다. 이러한 현상은 도시지역일수록, 학력이 높을수록, 소득수준이 높을수록 그러한 것

으로 나타났다(김홍원, 2005).

1995년도에는 조기유학을 떠난 초·중고생이 2,259명이었으나 2005년도에는 20,400명으로 9배 이상 증가하였다([그림 8-1] 참조). 1990년도 중·후반기에는 중·고생의 조기유학 사례가 월등히 많았으나, 2000년도부터 초등학생의 사례가 급격히 증가하여 2005년도에는 전체 조기유학생의 40%정도를 차지하게 되었고, 조기유학은 미국, 호주, 뉴질랜드 뿐 아니라 필리핀, 중국 등으로까지 나가고 있다(조선일보, 2007. 1. 27).

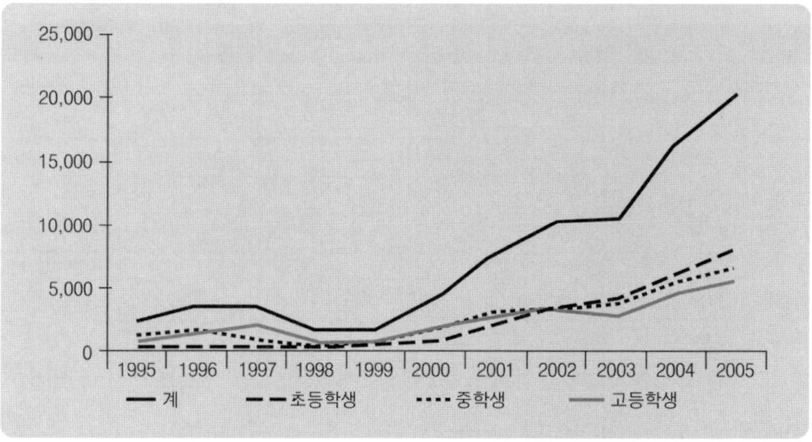

[그림 8-1] 연도별 조기유학 변화 추이

* 출처: 한국교육개발원, 교육통계서비스 시스템(2007).

이렇게 조기유학을 떠나는 이유는 개인의 능력을 제대로 계발하도록 돕지 못하는 평준화 교육, 과도한 사교육비, 잦은 대학입시제도 변경, 공교육 부실 등을 들 수 있으며 그 밖에 해외 명문대학 진학을 위한 목적 때문으로 보인다.

2) 사교육 성행

2006년도 우리나라 연간 사교육비 규모는 20조 원을 넘어선 것으로 추정된다(중앙일보, 2007. 3. 21). 2003년의 13조 6천억 원과 비교하면 3년 만에 무려 47%가 증가한 수치이다. 2003년 한국교육개발원의 조사결과에 따르면 학생 1인당 월 평균 사교육비가 23만 8,000원에 달한다(최상근 외, 2003).

[표 8-1] 지역별 사교육비 실태

지 역	학생 1인당 월평균 사교육비(천 원)	연간 총 규모(억 원)
서 울	294	34,858
광 역 시	230	36,201
중소도시	235	53,198
읍면지역	173	12,228
계	238	136,485

* 출처: 최상근 외(2003). 사교육 실태 및 사교육비 규모 분석연구. 한국교육개발원.

2006년도에는 교육인적자원부 연간 예산의 70% 이상이 사교육비로 지출되고 있는 실정이다.

[표 8-2] 연도별 교육인적자원부 예산과 사교육비 비교

(단위: 백만 원)

연 도	1985	1990	2000	2006
교육인적자원부 예산	2,492,398	5,062,431	19,172,028	27,982,002
사교육비	670,000	3,075,000	7,147,000	20,000,000
%	26.9	60.7	37.28	71.5

* 주: %는 연도별 사교육비를 교육인적자원부 예산으로 나눈 것임.
* 출처: 양정호(2005). 사교육비 지출에 대한 종단적 연구. 교육사회학연구, 15(2). 124; 교육인적자원부(2001). 2000년도 사교육비 실태조사 결과; 최상근 외(2003). 사교육 실태 및 사교육비 규모 분석연구. 서울: 한국교육개발원; 조선일보, 2007. 2. 11; 한국교육개발원(2007). 교육인적자원부예산, 교육통계DB를 재구조화함.

최상근(2003)의 조사에 의하면 초등학생 83.1%, 중학교 75.3%, 그리고 고등학교 56.4%가 사교육을 받고 있다. 또 교육인적자원부와 통계청 자료에 의하면 2006년 현재 초등학생 88.2%, 중학생 78.4%, 그리고 고등학생 63.1%가 사교육을 받는 것으로 나타났다. 사교육 선호에는 소득수준, 자녀 수, 가정의 사회적 위치, 지역변인 등이 관련되어 있고(양정호, 2005), 가정의 사회경제적 변인, 모의 학력변인, 학교 불만족변인, 부의 학력변인 등도 있다(김현진, 2004). 또한 자녀의 배경변수(이주호 · 김선웅, 2002), 입시경쟁(박부권, 2002), 그리고 과열된 학력 · 학벌주의(윤종혁, 2003) 등에 따라 다양하게 나타나기도 한다.

이러한 사교육비 지출은 가계에 과대한 경제적 부담을 초래하고 저소득층과 농어촌 지역 교육비 부담 가중으로 교육기회 불균형을 가져오는 것은 물론 고교평준화, 대학입시, 학교교육 불신 등과 맞물려서 계층 간의 사회적 위화감을 조성할 수 있다는 데 심각성이 있다. 그리고 사교육은 정상적인 학교교육 운영을 어렵게 함으로써 학교교육에 대한 신뢰를 떨어뜨리고 있다(양정호, 2005).

3) 교육격차 상존

초 · 중등 학교교육에서 교육기회와 조건, 교육의 과정, 학업성취 결과 등에서 학생 간, 학교 간, 지역 간 차이가 크게 나타나고 있다. 학업성취와 관련하여 저소득 계층이나 낙후지역 학생들의 학업성취가 저조한 것으로 나타나고 있고, 같은 지역 내에 있는 학생들일지라도 학부모의 경제적 수준에 따라, 또 같은 계열 학교일지라도 학생들의 학력격차가 심한 것으로 보고되고 있다. 이러한 학력격차는 취약계층이나 낙후지역 학생들뿐만 아니라 OECD의 PISA나 국제교육성취도평가협회(IEA)의 TIMSS 발표 내용을 보면 상위 5%에 해당하는 고등학생들의 학업성취는 전체 OECD 국가 중 20위권으로 처지고 있어(이주호, 2004) 우수한 학생들에 대한 교육적인 조치가 취약함을 드러내고 있다.

4) 획일적인 교육 운영 방식

획일적인 운영의 모습은 교육활동뿐 아니라 교육을 지원하고 관리하는 행정 운용의 방식에서도 쉽게 찾아볼 수 있다. 이렇게 교육프로그램이나 제도 운영이 중앙집중적, 폐쇄적이고 경직되어 있으면 창의성과 자율성을 발양하는 교육이 이루어지기 어렵다. 미래학자 앨빈 토플러는 한국의 교육을 다음과 같이 비판하고 있다.

"한국의 공교육을 보면 공장과도 같다. 반복을 하고 암기를 하고 정해진 스케줄에 따라 등교를 하고 하교를 하는 것이다. 마치 공장 근로자들을 생산하기 위한 공장과 같은 기능을 학교가 하고 있는 셈이다."(미래한국, 2005. 9)

다원화 사회에서 개인과 집단의 요구가 서로 다르고 다양해서 획일적인 제도 운영이나 교육활동으로는 이러한 요구에 제대로 부응할 수 없음에도 아직도 중앙집중적 행정관행에 익숙해져 있고, 학교교육 체제의 다양화는 제대로 구현되지 못하고 있다. 국가주도의 대학입시 운영이 그 예다. 경직되고 획일적인 교육제도 운영의 행태는 고교평준화 시책에서도 찾아볼 수 있다. 1974년 고등학교 평준화 정책이 도입된 이래 중등교육의 평등성 구현 및 보편화 추진에 크게 공헌한 것이 사실이다. 그러나 고교평준화 정책으로 인해 학교교육의 획일화를 초래하였고, 사립학교는 준공립화된 채 자율성과 독자성이 훼손되고 있다. 학생선발권을 비롯해서 학사 및 재정 운영권을 자율적으로 행사하지 못하고 있는 것이다. 또한 수업 집단의 이질화로 인한 학습지도 곤란과 과외 의존도 심화 등의 문제를 낳고 있다. 또한 지역 및 단위학교의 특성을 살린 차별적이고 창의적인 교육프로그램 운영이나 지원 활동이 취약한 실정이다.

5) 교원 및 교원단체에 대한 신뢰 저하

교직에 대한 신뢰가 높지 못한 가운데 일부 언론에서는 전문적 자질이 미흡한 일부 교원들의 실상이 간간이 보도되고, 또 얼마 전에는 학부모에 의해 교사가 폭행을 당하는 내용이 보도되는 등 교권이 실추되는 상황은 교원들을 분노케 했다.

또한 일부 교원들의 과격한 투쟁 방식은 학생들의 학습권을 침해하고 있다. 그러나 학생들의 학습권을 침해하면서 교원 정책 및 교육문제에 관한 주장을 관철하려는 비교육적인 행태는 전문직 특성의 취약을 드러내는 일로 결코 학부모·국민의 지지를 받기 힘들 것이다. 이는 교직 · 교원에 대한 학부모와 국민의 신뢰 저하를 가져올 것이고 국민의 정서와는 점점 멀어지게 될 것이다.

6) 교육 관련 집단의 이해 상충 및 갈등

지난 몇 년 동안 숱한 갈등과 대립이 학교 내에서 뿐만 아니라 교직 사회, 학부모단체, 교육 관련 시민단체 간에도 계속 제기되어 왔다.

이는 교육에 대한 이해와 가치 갈등, 특히 수월성과 평등주의 등의 이념적 대립에 뿌리를 두고 있는 것으로 보인다. 교육 운용에서의 핵심기조가 되는 평등주의와 자유주의 가치 중에서 어느 쪽에 더 우선순위와 무게를 둘 것인가를 놓고 의미 없는 지루한 논쟁이 계속되어 왔다. 문민정부와 국민의 정부에서 추진한 교육개혁에 대해 '신자유주의 교육개혁'으로 매도하는 반 신자유주의 입장과 지나치게 경쟁과 경제논리를 강조하는 신자유주의가 그것이다. 그러나 어느 특정한 가치에 치우치기보다는 적절하게 배합하고 취사선택하는 입장이 필요하다. 국익의 차원에서 교육의 본질추구와 국가경쟁력 강화를 위해 평등주의와 자유주의, 그리고 공동체주의에 대한 교육적 논의나 정책적 · 사회적 조정 노력이 절실하다. 수요자 중심 지향과 경제논리, 다양화 등의 노력을 매도하는 무차별적 평등의식도 문제지만, 소외계층이나 뒤처진 집단에 대한 관심과 배려를 중시하는 공동체주의에 대한 이해가 결여된 채 집단이기주의와 편협된 주장과 시각이 서로 팽팽하게 맞서 있는 것은 학교교육 발전의 걸림돌이 아닐 수 없다(서정화, 2003).

교육 관련 집단 간의 갈등은 상호 불신과 대립에서 찾아볼 수 있다.

이러한 배경에는 아직도 불합리한 학교운영 방식이라든지 시대적인 변화와 흐름에 부응하지 못하는 지도력 발휘의 미흡 등이 적지 않게 깔려 있다. 또한, 일부 교사들의 전문직 자질과 열의 부족도 지적할 수 있다.

7) 교육 여건의 미흡 및 교육 재정의 취약

교육에 대한 국민의 관심이 지대하지만 실질적인 지원과 투자의 우선순위는 뒤처져 있다. 그동안의 교육 여건 개선조치, 교육정보화 사업 추진, 교육 시설을 비롯한 교육 여건이 많이 개선되었지만 교육 투자의 부족에 기인하는 교육 재정의 취약으로 과밀학급, 과대규모 학교는 상존하고 있다. 아직도 OECD 선진 수준의 교육 여건을 확보하고 있지 못하다.[2)]

2005년도에 교육 재정이 우리나라 국내총생산(GDP) 842조의 4.4%인 36조 6천억 원에 이르고 있기는 하지만 아직도 선진 수준의 교육 여건 및 인프라 구축에는 턱없이 부족한 실정이다.

---

2) 지난 2005. 9. 14. 교육인적자원부에서 발표한 '2005년 OECD 교육지표'를 보면, 아직도 학급당 학생 수가 초등학교 34.7명, 중학교 35.2명으로 나타나 OECD 평균 각각 21.6명과 23.9명보다 훨씬 높다. 교원 1인당 학생 수도 유치원 21.0명, 초등학교 30.2명, 중학교 19.9명, 고등학교 16명(OECD 평균은 각각 14.4명, 16.5명, 14.3명, 13명)으로 높게 나타나고 있다.

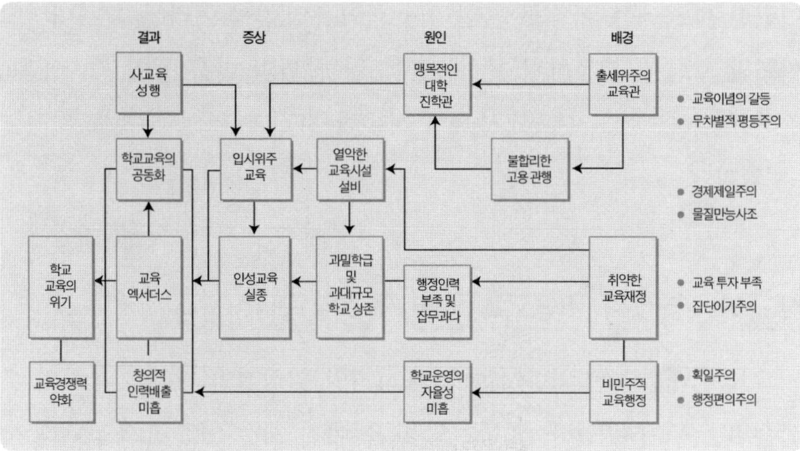

[그림 8-2] 공교육의 위기적 실상

4. 공교육의 내실화를 위한 방향

교육의 경쟁력 강화는 절박한 국가적 · 시대적 명제로 등장하고 있다. 유 · 초 · 중등교육의 질적인 수준을 높이기 위해서는 교육의 자율성과 창의성을 바탕으로 다양성을 추구하는 가운데 교육수요자 중심, 선의의 경쟁논리를 가미하여 교육의 자생력을 강화하는 데 역점을 두어야 할 것이다. 앞으로 지향해야 할 공교육 내실화를 위한 방향을 몇 가지 제시하면 다음과 같다.

먼저, 형평성 기조 위에 수월성이 추구되어야 한다. 학습자 개개인의 잠재능력을 최대한 계발할 수 있도록 도와주는 동시에 교육적으로 불리한 위치에 있는 이들을 끌어올리기 위한 장치가 마련되어야 한다. 특히 창의적 인재 육성을 위한 노력이 절실하게 요청되고 있다.

앨빈 토플러는 다양성에 입각한 창의적 학교교육의 필요성을 다음과 같이 강조하고 있다.

"동질성을 강조하는 교육이 아닌 이질성을 강조하는 그런 교육이 필요하다. 학생을 보다 개인으로서 대우해 줘야 하고 혁신성과 창조성을 키워 줘야 한다. 산업훈련을 위한 기간으로서의 역할을 학교가 해서는 안 된다. 왜냐하면 미래 경제는 공장 근로자들이 이끌어가는 것이 아니라 새로운 아이디어를 내놓은 혁신가들이 끌어가는 것이기 때문이다."(미래한국, 2005. 9)

둘째, 교육의 질 관리 체제를 확립하고 책무성을 높여야 한다. 교육의 질 관리를 위해서는 학력신장을 위한 체계적인 평가 체제를 정착시켜야 하며, 이를 위해 주기적인 학력평가가 필요하다. 이와 관련하여 학교에 대한 시·도교육청과 지역교육청 평가 감시와 같은 방식이 아니라 업무 담당자와 평가자가 문제점을 공유하고 교육청 실정에 적합한 개선안을 고민하는 대화의 장으로 전환하는 컨설팅 형태로 운영하되, 지방교육의 특성화, 다양화를 유도하고 책무성을 높일 수 있도록 해야 한다(고영진, 2007). 그리고 주기적인 수요자 만족도 조사 및 모니터링을 실시할 필요가 있다.

셋째, 교육선택권을 확대하고 학교 운영의 자율화 및 학교 유형 다양화를 더욱 적극적으로 추구해야 한다. 학생·학부모의 교육선택권을 확대하고 학부모 및 주민의 자발적 참여 기회를 확대해 나가야 한다. 아울러 단위학교는 물론이고 시 · 도교육청 및 시 · 군교육청에서도 지역의 특수성을 살려 차별적인 교육 운영을 하도록 유도해야 한다.

넷째, 글로벌 스탠더드에 맞추는 교육제도 운영을 통해 세계화, 개방화에 적극 대처할 필요가 있다. 미국과의 FTA 체결에서 교육 분야가 제외되었지만 개방화의 흐름에 적극 대응하여 학교교육의 경쟁력을 높이는 노력도 필요하다.

5. 공교육 내실화 및 사교육비 경감을 위한 개선방안

공교육 내실화는 교육프로그램이나 교원, 교육 여건, 고교평준화 및 대학입시 등을 포함하는 시스템 전반에 걸친 구조적인 접근이 필요하다. 주요 과제를 제시하면 다음과 같다.

1) 유아학교 공교육 실현

교육인적자원부와 여성가족부에서 만 3~5세 유아교육 관리문제를 놓고 논란을 벌여왔다. 앞으로 유치원 교육과 보육을 일원화하여 체계적으로 관리하고 유치원을 유아학교로 전환하고 단계적으로 0~만 5세까지 전원 무상교육을 실현해야 할 것이다. 그리고 유치원 설립을 확대하고 양질의 환경 속에서 맞춤형 교육을 받도록 해야 한다(이원영, 2007).

2) 맞춤형 교육 및 기초학력 책임제 실현

학생들의 능력과 수준에 맞는 교육프로그램 운영이 필요하다. 이를 위해 학생들의 수준에 적합한 무학년제 교육과정 채택, AP제 도입이 필요하다. 아울러 학생들로 하여금 일정 학력수준에 도달할 수 있도록 평가하고, 또 학생수준에 맞는 지도를 할 수 있는 체제를 구축할 필요가 있다. 그리고 평가 결과를 학부모, 지역주민들에게 알려 학생들의 학습 결과와 함께 학교의 노력과 위상을 알리도록 한다(최준렬, 2007).

이 외에도 학교교육을 통해 자유민주주의 체제의 우월성을 인식케 하고, 글로벌 시대에 걸맞은 세계시민으로서의 가치관 확립 및 인성교육이 요청된다고 본다.

3) 다양한 교육프로그램의 운영

현행 제7차 교육과정은 수준별 · 능력별 수업의 내용과 방법, 그리고 평가에 있어서 일치되지 않는 면이 있다. 학생 수준이 다르면 수업 수준이나 내용 및 평가가 달라져야 한다. 그러나 상위성적에 속하는 학급에서 수업을 받건 중 · 하위 성적에 속하는 학급에서 수업을 받건 내신평가는 모두 동일한 잣대와 내용으로 이루어진다.

이러한 어려운 점에도 불구하고 일부 현장교사들은 국민공통 기본교육 과정인 고1을 대상으로 수준별 수업을 통해 사교육비 경감효과를 내고 있기도 하다. 이러한 효과를 극대화하기 위해 고등학교 2, 3학년을 대상으로 한 심화선택과목 교과서를 지금과 같이 영역별로 구분하기보다는 수준별로 개발해야 할 것이다. 교과서를 수준별로 구성하여 학생들로 하여금 과목을 자신의 학습능력과 수준에 맞게 선택할 수 있도록 하는 것이다.

수준별 교육과정과 선택 중심의 제7차 교육과정 방침에도 불구하고 실제 학교현장은 그렇지 못하다. 수업교사의 수급과 시설 등의 부족으로 학생들은 제한적인 선택을 할 수밖에 없으며, 소수학생이 지원한 과목은 폐지된다. 따라서 학생들이 이러한 선택과목제도에 만족할 수가 없다.

교원 수급과 시설 부족의 문제점을 해결하기 위해서는 소수학생이 신청하여 학급을 구성하기 어렵거나, 학생들이 요구하는 과목을 단위학교 수준에서 여러 가지 이유로 개설하지 못하는 경우 그러한 학교들의 범위를 인근학교 및 대학, 지역센터, 그리고 온라인 등으로 묶어 확장하여 연계시키거나 한 학교 울타리 안에서 두 개의 교육과정 구조를 운영할 수도 있을 것이다. 이를테면 일반계 학교에 일반과정은 물론 외국어, 예체능, 국제관계 등의 특성화 과정을 운영하는 방안이다.[3)]

학생 중심의 수준별 시스템은 공교육 내실화를 위해 더욱 현실적으로 접근할 수 있는 방안이 될 수 있다.[4)] 이러한 점에서 다양성, 수월성, 개별성을 고려한 교과의 수준과 학생의 능력을 고려한 수업은 학생들의 학습흥미를 고양시켜 조기유학과 공교육 공동화 현상을 어느 정도 방지해 줄 수 있다.

---

3) 이와 같은 운영 체제는 경기도 교육청 관내 소수 학교에서 이미 실험단계를 거쳐 정착단계에 이르고 있다(경기도교육청 교육과정운영위원회, 2005).

4) 소극적 수업참여 23.7%, 수업이해 곤란 18.5%, 학습의욕 상실 16.4%, 수업 기피 8.8%인 실정에서 기초학력 미달 학생은 학년 단계가 높아질수록 증가하는 추세를 보이고 있다(이종재, 2007).

4) 교원의 전문성 신장 및 교원단체 활동의 새로운 패러다임 모색

교원의 전문성 신장 및 직무의욕을 고취하는 데 주력해야 한다. 교원의 신규채용으로부터 교원의 평가, 교원연수, 승진제도, 보수제도 운영 등 교원 정책의 모든 영역에 걸쳐 전문성 확립을 위해 계획적인 노력을 기울여야 한다. 그리고 주기적인 교원연수를 강화하고 유능한 학교경영자를 확보할 수 있는 방안이 마련되어야 하며, 이를 위해서 학교행정가의 역할에 걸맞은 자질 및 자격요건을 설정하고, 유능한 학교경영자로서의 품성과 자질, 능력 등을 끊임없이 개발, 발전시켜 나가야 할 것이다. 아울러 교원의 직무의욕 고취에 힘쓰면서 직무능력 부족 교원을 위한 연수를 강화하고, 교직의 경쟁력 강화를 위해 연수결과 및 석·박사학위 결과를 보수에 반영하는 등 새로운 보상체계를 확립할 필요가 있다.

앞으로 교원단체는 시대적 변화와 흐름에 걸맞은 이념 정립 내지 정체성을 확립하고 단체활동의 새로운 패러다임을 모색해야 한다. 그리하여 교원단체가 그 전문적 위상을 높일 뿐 아니라 우리 교육을 이끌어가는 중심축으로서 역할을 수행해야 할 것이며, 이익단체 내지 압력단체 수준을 넘어서서 국민의 신뢰와 지지를 받는 교육입국의 주체세력으로 인정받아야 할 것이다. 그리고 어떤 경우에도 학생의 학습권 침해활동은 금지되어야 한다(이상진, 2007).

5) 교육 여건의 개선

학급당 학생 수 감축을 비롯해서 교사 수 확충 등 교육 여건을 개선하기 위한 지속적인 노력을 기울여야 하며, 여기에 소요되는 필요한 재정을 확충할 필요가 절실하다. 그동안 정부의 적극적인 노력으로 교육 재정이 계속 확대되어 왔고, 앞으로도 교육 재정을 더욱 확충하여 학급당 학생 수를 낮추고 교사의 수도 늘리는 등 OECD 수준으로 교육 여건을 개선해야 한다.

6) 사립학교 운영의 자율성 확대

사립 중등학교는 본래의 설립 이념에 따라 운영될 수 있도록 단계적으로 자율성을 확대하며 정체성을 회복하는 노력을 기울여야 한다. 희망하는 사립학교는 학생 선발, 교육과정 운영과 등록금 책정도 자율적으로 할 수 있도록 해야 한다. 그리고 국가의 지원 없이도 운영할 수 있는 자립형 사학을 확대해 나아가야 할 것이다.

7) 교육격차 해소

지역 · 학교 간 격차 완화 및 교육격차 해소를 위한 교육프로그램과 시스템이 필요하다. 앞으로 저학력 학생들의 학업성취 수준을 끌어올리는 적극적인 노력과 함께 우수한 학생들에 대한 배려를 통해 학력의 격차를 해소하고 학력수준을 높여야 할 것이다. 이를테면, 학력이 뒤처지는 학생들이 많은 지역과 학교에 대해서는 우수 교원을 배치한다든지 다양한 교육프로그램을 제공하는 동시에 경제적 지원 및 학교 운영, 교육과정 편성 등의 자율재량권을 확대하여 창의적인 학교 운영이 가능하도록 한다.[5]

또한 미국에서와 같이 보상적 차원의 적극적 조치(affirmative action)를 통해 저소득층 자녀에 대한 보상교육 기회를 확대하고 기초학력 부진 학생을 위한 지원도 필요하다(서정화 외, 2004).

8) 사교육비 경감을 위한 국가차원의 e-러닝 서비스[6]

사교육비 경감을 위해서는 사교육을 학교 내로 흡수하기 위해 방과 후 학교 운영 활성화 및 다양한 교육미디어를 활용한 교육프로그램 개발을 확대할 필요가 있다. 또 외국어 교육의 구조 및 방법 개선을 통한 효율적인 외국어 교육 실행 노력이 절실하게 요청되고 있다. 특히, 사교육비 경감을 위해 국가차원의 e-러닝 서비스를 결행할 필요가 있다.

교육인적자원부에서는 사교육 수요에 근원적 억제를 위해 공교육 내실화와 관련된 제반 대책을 다음 [그림 8-3]에서와 같이 제시하고

---

5) 미국의 부시 대통령은 지난 2002년부터 '한 아이도 뒤처지지 않게(NCLB; No Child Left Behind)' 법안을 실천하고 있다. 영국에서도 학교 간 교육격차를 해소하기 위해 학교평가를 실시하고 있으며, 지역 간 교육격차 해소를 위해 교육우선지역(EAZ; Education Action Zone)을 설정하여 특성화학교 설립을 비롯해서 보충프로그램을 운영하고 있다. 프랑스에서도 교육우선지역(ZEP; Zones d'education priorities)을 설치하여 운영하고, 뉴질랜드에서도 학교평가를 위해 교육평가청(Education Review Office)을 설치하여 운영하고 있다.

6) 이군현 의원실. e-러닝을 통한 사교육비 경감방안. 미 발표자료.

있으나, 이러한 사교육 해결을 위한 대책들은 성과와 현실가능성을 철저히 검토하여, 추진되어야 할 정책과 수정 또는 변경, 중단할 정책을 선별해서 진행해야 할 것이다.

사교육비 경감을 위해서는 e-러닝을 통한 사교육비 경감방안도 필요하다. 현재 교육인적자원부의 사이버 가정학습이나 EBS 서비스는 콘텐츠의 질적·양적인 측면에서 교육수요자인 학생이나 학부모의 요구를 충분히 만족시키지 못하고 있는 상태이다. 또한 자신의 수준에 적합하고 학습요구에 맞는 교육 콘텐츠를 찾아서 학생들은 온라인

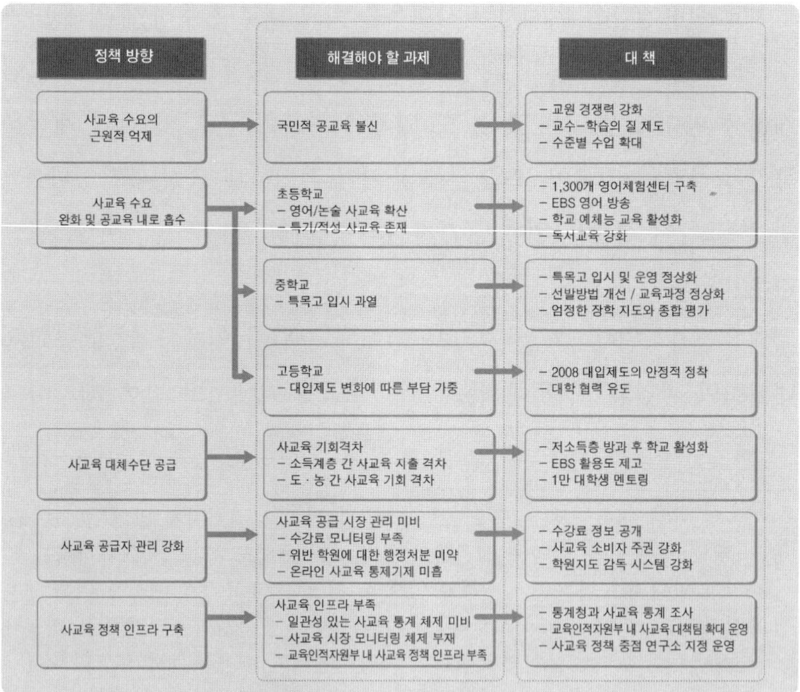

[그림 8-3] 사교육 정책구조, 사교육 실태조사 결과

* 출처: 교육인적자원부 보도자료(2007).

사교육 사이트로 몰려가고 있는 것이 현실이다.

수익창출이 목적이 아닌 국가차원에서 이루어지는 e-러닝의 성공을 위해서는 질 높은 콘텐츠, 접근성, 수요자 중심의 운영, 그리고 저렴한 비용이 핵심요건이다([그림 8-4] 참조).

국가적인 차원에서 운영의 주체가 될 수 있는 기관을 설정 또는 지정하여 실력 있는 학교교사들, 교수, 대학생, 학원의 명강사 등을 대상으로 강사진을 구성하고, 이들에 의해 제작된 온라인 사교육 업체의 강의 못지않은 수준 높은 교육 콘텐츠를 온라인을 통해 무료 또는 저렴한 비용으로 전국의 학생들에게 제공할 필요가 있다.

또한 UCC를 통해 실력 있는 학교교사들이 교육 콘텐츠를 제공할 수 있는 기회를 제공하고 다양한 수준의 학생들이 자신의 학습노하우

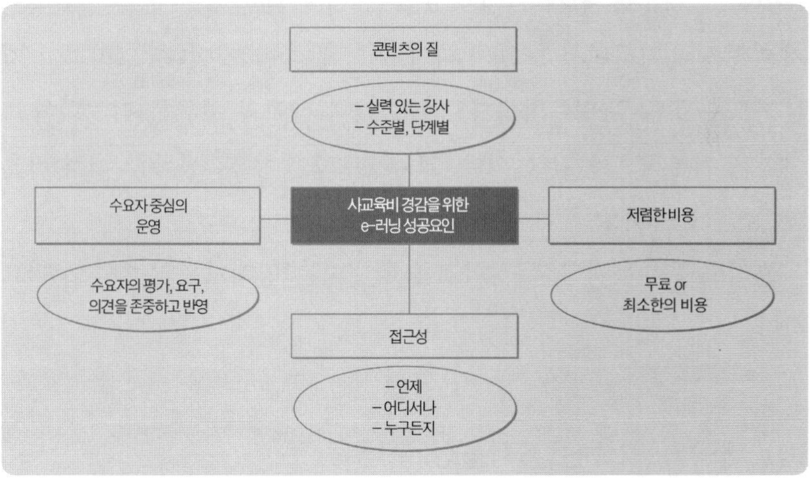

[그림 8-4] 사교육비 경감을 위한 e-러닝의 성공요인

* 출처: 이군현 의원실. e-러닝을 통한 사교육 경감방안. 미 발표자료.

나 정보를 제공, 공유할 수 있도록 하여 교사, 학생이 교육에 적극적으로 참여하는 교육을 활성화시킬 필요가 있다.

9) 고교평준화 정책의 보완

그동안의 평준화 제도의 공과가 인정되지만 투입(선발)의 평준화는 수업방법, 대학입시제도, 학생 생활지도, 사학의 정체성 등에 많은 부작용도 초래하였다. 이러한 부작용으로 학교의 공동화 현상 초래는 물론 학교 간, 지역 간 학력의 격차를 더욱 더 심화시키고 있다.

따라서, 평준화 정책은 기본틀을 유지하되 점진적으로 수정 · 보완해야 할 것이다. 30년 이상 지속되어 온 평준화 정책은 다품종 소량생산의 정보화 시대에는 적절하지 않은 제도라고 보기 때문이다.

앞으로 평준화 정책의 폐지 또는 유지에 대한 소모적 논쟁보다는 기본틀을 유지하면서 보완해 나가도록 해야 할 것이다. 그리하여 기본적으로 공립은 평준화의 큰 기조 위에 학교의 종류를 다양화하고, 사학은 기본적으로 학생 선발, 교육프로그램 운영, 등록금 책정 자율화 등을 허용하도록 해야 할 것이다.

그리고 특수목적고, 특성화고를 확대하는 영재교육의 확충도 필요하다.

10) 대학의 학생선발 자율성 확대

공교육이 대입제도에 맞추어 교육과정이 운영된다면 공교육은 수단으로 전락하고 더욱 황폐화될 것이다. 공교육의 부실화가 조기유학과 사교육 증가로 이어지고 내신 부풀리기가 대학의 학생선발에 혼란과 혼선을 준 면도 부정할 수 없다.

그러나 기본적으로 대학의 학생선발은 대학에 완전히 맡겨 소질과 재능에 기초한 인재선발제도를 확립해야 할 것이다. 대학 특성에 맞는 학생선발권 보장으로 대학교육의 질적 수준을 높일 수 있기 때문이다.

이를 위해 전형방법을 다양화하고 지역 균형 선발이라든지 학교장 추천제, 저소득층 자녀 특례 등을 확대할 필요가 있다. 이러한 관점에서 보면 대학 본고사나 고교등급제도 대학 자율에 맡겨야 할 것이며, 기부금 입학제는 장단점과 한국의 대학발전에 미치게 될 긍정적인 면과 부정적인 면을 충분히 검토하여 논의해야 할 것이다. 그러나 현 단계에서도 기여입학을 전제로 기부와는 별도로 기업과 사회의 대학발전을 위한 기부문화를 유도할 수 있는 정책적 검토가 필요하다. 예를 들어 기업이 대학에 기부한 경우 손비 처리 등 세제혜택을 주는 것도 하나의 방안으로 고려될 수 있다.

참고로 OECD에서는 삼불(三不) 정책이 실제로 대학이 독자적인 입학절차를 개발하는 데 제약을 줄 수 있으며, 대학들이 스스로 입학 정책을 통제할 수 있게 한다면 가능성 있는 학생들을 뽑을 수 있는 선택권을 더 많이 줄 수 있을 것이라고 보았다.

참고문헌

강무섭(2003). 학력중시사회에서 능력중시사회로의 대전환. 직업과 인력개발. 한국직업능률개발원.

경기도교육청 교육과정운영위원회(2005). 특성화 과정 개설을 통한 학생의 선택권 확대방안.

고영진(2007). 교육감이 바라 본 시 · 도교육청 평가의 성과와 개선방안. 한국교육정책학회 제2차 교육정책 세미나 발표자료.

교육인적자원부(2002). 공교육 진단 및 내실화 대책.

교육인적자원부(2007). 사교육 실태 및 대책.

교육인적자원부, 광주시교육청(2005). 전국 100대 교육과정 우수 고등학교 사례집.

김기승(2003). OECD국가 간 교육투자의 효율성 비교. **LG주간경제**, 2003. 10, 4-8.

김동훈(2001). 학벌주의의 극복을 위한 교육 정책의 대안. 교육정책포럼 발표자료, 2001년 6월. 서울: 한국교육개발원.

김영철 외(2001). **사교육비 문제와 대응방안**. 서울: 한국교육개발원.

김장중(2004). NGO의 정책적 영향력에 관한 실증적 연구. 경기대학교 정치전문대학원.

김현진(2004). 사교육비 지출 결정변인 구조분석. **교육행정학연구**, 22(1), 27-45.

김홍원(2005). 조기유학에 관한 국민의식 조사 연구 -규제 순응도를 중심으로-. 교육인적자원부. 정책연구과제, 2005-지정-41.

박부권 외(2002). 고등학교 평준화 정책의 진단과 보완방안에 관한 연구. 교육인적자원부.

서정화(2003). 교육 갈등 극복을 위한 진단과 대책-교육계의 갈등 해소-상호 신뢰와 존중의 가능성은 있는가. 2003년 제1회 교육정책포럼 발표자료.

서정화, 김영철, 백순근, 양정호(2004). 교육격차해소특별법 시안연구.

성태재(2003). 사교육비 대책을 위한 정책토론회. 사교육비 경감대책 수립을 위한 교육 정책 토론회 자료집. 서울: 한국교육개발원.

양승실(2003). 대학진학 경쟁에서 사교육 의존도 축소 어떻게 접근해 가야 할 것인가? 사교육비 경감대책 수립을 위한 교육 정책 토론회 자료집. 서울: 한국교육개발원.

양정호(2005). 한국의 사교육비 지출에 대한 종단적 연구-한국노동패널의 위계적 선형모형 분석.

윤종혁(2003). 고교평준화 정책의 적합성 연구. 고등학교 평준화 정책 적합성 연구 토론회 자료집. 서울: 한국교육개발원.

이군현 의원실. e-러닝을 통한 사교육 경감방안. 미 발표자료.

이상진(2007). 공교육 정상화, 어떻게 접근해야 하는가. 서울대학교 사범대학 동창회보, 제155호.

이원영(2007). 국가인적자원의 기초단계 교육 충실화 및 유아학교 공교육의 완성. 미 발표자료.

이종재(2007). 지식기반사회에서 공교육 내실화 비전과 전략. 초등 전문직 리더십 향상 연수회 발표자료. 경상남도교육청.

이종재, 최상근, 김현진 외(2003). 사교육 문제에 대한 대책-공교육 강화를 중심으로. 서울: 한국교육개발원.

이주호, 김선웅(2002). 자율과 책무의 학교교육-평준화 논의를 넘어서. 서울: 한국개발연구원.

조선일보. 2007. 1. 27일자.

중앙일보. 2007. 3. 21일자.

최상근 외(2003). 사교육 실태 및 사교육비 규모 분석연구. 서울: 한국교육개발원.

최준렬(2007). 학생과 학부모가 만족하는 초 · 중등교육. 미 발표자료.

한국교원단체총연합회(2005). 2005 당면 교육 정책 개선방안.

________________(2000). 21세기 교육발전 전략.

한국교육개발원, 교육통계서비스 시스템(2007).

현주(2003). 학부모 교육관 및 사회풍토 개선을 통한 사교육비 경감대책. 사교육비 경감대책 수립을 위한 교육 정책 토론회 자료집. 서울: 한국교육개발원.

홍기형(2004). 해외유학생들의 해외유학에 대한 시사점 및 문제점. **교육문제연구논집**, 1(9), 192-147.

제9장 학생과 학부모가 신뢰하는 선생님

교원들이 높은 전문적 권위와 교육에 대한 뜨거운 열정을 가지고 교육활동에 임하느냐 여부는 교육활동 성패의 중요한 관건이다. 아무리 화려하고 우람한 첨단 교육 시설과 설비가 구비되고, 여러 가지 인프라가 구축되어 있어 외형적으로 완벽한 모습을 갖추고 있다 해도 교육활동의 주체가 되는 교원들의 능력과 자질, 태도와 의욕 여하에 따라 그 과정과 결과는 달라지기 때문이다.

그러나 주지하듯이 교원의 전문적 권위가 도전받고 있고, 일부 교원들의 전문적인 자질 미흡은 학부모와 국민의 우려 대상이 되고 있으며, 또한 교육개혁의 걸림돌로 지적되고 있다. 이와 같은 상황이 계속해서 방치될 경우 학교교육의 질은 낮아지게 될 것이고, 교원이 국가·사회 발전을 선도하는 세력으로 인정받지 못하게 될 것이다. 교육활동 수행과 교육개혁을 추진하는 데 있어서 교원의 역할이나 자질, 태도가 핵심적인 요인이라고 볼 때, 교원의 전문적 자질 향상 노력은 아무리 강조해도 지나침이 없을 것이다.

이러한 관점에서 교원의 전문성을 높이기 위한 방안을 살펴보겠다.

1. 우리나라 교원의 현주소

1) 교원 전문성의 의의

흔히, 전문직의 기준으로서 여러 가지를 제시하고 있다. 대체로 i) 직무수행에서 고도의 지적 능력과 기술을 갖는다는 것, ii) 장기간의 준비교육 및 일정한 자격과 계속적인 성장이 요청된다는 점, iii) 명확한 직무 한계 내에서 자율성을 행사하는 동시에 개인적 이익보다는 이타적 봉사가 더 중요시된다는 것, iv) 전문적 활동을 위한 단체조직 운영 및 윤리강령을 가지고 스스로를 규제·규율한다는 것 등을 들 수 있다.

이러한 기준에 비추어 볼 때, 고도의 지적 능력을 필요로 하고 장기간의 준비교육이 요구되며 봉사 지향적이고 사회적 책임감이 강조될 뿐만 아니라 행동을 규율하는 윤리강령을 가지고 있고, 또 단체활동을 할 수 있는 자율권을 가진다는 점 등에서 교직은 전문직이라고 할 수 있다.

ILO에서 발표한 직업분류에 대한 국제표준에서도 교원을 전문직으로 분류하고 있다. 국가에서도 교원을 전문직으로 보고 교원에게 자격증을 수여하고 있다. 그러나 교직의 전문화에 대한 심화 노력은 지속적으로 추구되어야 할 성질의 것이다. 어떤 의미에서 초·중·고교에서 교원의 전문직으로서의 성숙도는 확립된(established) 것이라기보다는 발전되고 있는(developing) 과정에 있다고 볼 수 있다(와카이 야이치(若井彌一), 1997). 전문직의 관점에서 볼 때 교원의 전문성은 양성·채용·연수·자격·승진·처우 등 교원 정책의 전 영역에 걸쳐 연계되어 있다.

2) 교원 전문성의 현주소

교원의 전문성과 관련된 문제점들을 몇 가지 살펴보면 다음과 같다.

먼저, 교직 후보자가 지나치게 많이 양성, 공급되어 교원의 질적 저하 내지 개인적·국가적 낭비를 초래하고 있다. 특히 중등교원 양성기관의 경우 국립사대, 사립사대, 교직과정, 교육대학원 등에서 배출되는 교직 후보자 수는 신규채용에 필요한 인원보다 지나치게 과잉 공급되어 왔다.

둘째, 교원양성기관의 정체성과 적합성 결여를 들 수 있다. 투철한 교직 윤리의식과 사명감을 구비할 수 있도록 하는 교육프로그램이 운영되지 못하고, 사범대학의 교과교육 내용은 아직도 일반 대학의 그것과 유사한 실정이다. 사범대학의 특수성과 전문성을 살리지 못하고 있는 것이다.

셋째, 관료지향적 자격 체계 및 승진 구조를 들 수 있다. 교원의 자격제도가 교육활동의 전문성을 적극적으로 유도·촉진할 수 있는 체계로 이어지지 못하고 있다. 그래서 직접 교단에서 학생들을 가르치는 평교사보다는 경영·관리 중시의 관료적 풍토가 조성되어 교원의 전문적 자율성을 제약하고 있다. 또 교사자격증의 효력을 무기한으로 보장하고 있어 교사로서의 전문적인 능력계발을 적극적으로 유도하지 못하고, 평생학습자로서의 자기 연찬(研鑽) 활동에 자극이 별로 없는 상황이다.

넷째, 연공서열 중심의 인사제도 운영으로 유능인력 확보와 개발을 제약하고 있다. 경쟁력 강화라는 시대적 흐름 속에서 유능한 인력의 확보·개발·유지가 절실함에도 불구하고 아직도 승진 기준은 제대로 조정되지 못한 채 오늘에 이르고 있다.

다섯째, 교육의 과정과 결과에 대한 책임의식이 미흡하다. 교육이 얼마나 잘 이루어지고 있는가를 확인하는 데 소극적이고 책임성이 부족하다. 교육행정가와 교사, 학부모 모두 교육현장에서의 성과, 책임, 평가 등에 대한 전문적 관심과 인식이 부족한 실정이다.

끝으로, 교원의 근무부담 과중 및 근무조건이 미흡한 상태에 있다. 교사의 주당 수업시간 수가 많은 것은 물론이고, 종래보다는 많이 개선되고 있으나 아직도 학급당 및 교원 1인당 학생 수는 과다하여 OECD 국가에 미치지 못하고 있으며, 교육활동과 관련이 적은 각종 업무로 인해 교원들이 많이 시달리고 있기 때문에, 교재연구와 수업준비에 충분한 시간을 투자하지 못하고 있다.

3) 교직사회의 변화

우리의 교직사회는 다음과 같은 측면에서 많이 바뀔 것으로 전망된다.

먼저, 교원의 전문성 및 자질 향상에 대한 사회적 압력이 증대될 것이다. 국가경쟁력 강화를 위한 질 높은 인력배출을 요구받고 있는 바, 이는 학교교육의 책무성에 대한 사회적 요구 증대와 정보화, 지식기반사회의 도래에 따른 자질과 함께 교원의 전문적 자질 향상에 관한 강한 요청으로도 볼 수 있다. 이러한 요청은 보다 질 높은 교원양성과정 및 현직 연수 강화를 비롯해서 능력 위주의 인사행정제도의 확립을 촉진하는 것으로 받아들여야 할 것이다.

둘째, 경쟁 체제 확립을 촉구하고 있다. 무한경쟁시대에 교육의 질적 향상 및 경쟁력을 높이기 위해서는 유능한 교원과 교육전문직, 그리고 교육행정 지원인력이 필요하다. 유능한 인력을 확보하고 개발·유지하기 위해서는 선의의 경쟁 체제 확립이 불가피하다. 이렇게 보면 평등의식에 바탕을 두고 있는 교육제도 운영을 비롯해서 교원 인사관리, 보수체계 운영, 교원 연수 등의 측면에서 시스템과 운용 방식이 종래와는 달리 많이 바뀌어야 할 것을 요구받고 있다.

셋째, 교원의 권익 신장 및 사회·경제적 지위 향상에 대한 노력 또한 증대될 것이다. 교원 집단의 수가 40여 만 명에 이르고, 2000년 7월 교원단체 다원화 시대가 열린 이후 교원의 권익 신장과 교직의 위상 확립 및 교육 여건 개선에 대한 교원단체들의 요구는 더욱 거세어지고 있다. 또한, 교원단체 간의 주도권 확보와 선명성 경쟁 등으로 투쟁적 모습을 보이고 있다.

끝으로, 지식기반사회에 걸맞은 학교경영자의 자질 향상을 요청받게 될 것이다. 21세기 지식기반사회, 정보화 사회에서 국가경쟁력 강화는 학교교육의 질적 향상이 그 기본이고, 또 학교교육은 유능한 학교장의 리더십 발휘가 관건이라고 볼 때, 유능한 학교장을 확보하고 그들의 능력을 계발하며 유지하기 위한 체계적 노력이 절실히 필요할 것으로 본다.

2. 교원의 전문성 신장을 위한 개선방안

교원의 전문성 제고를 위해 앞으로 중점적으로 추진해야 할 과제를 몇 가지 제시하면 다음과 같다(한국교원단체총연합회, 2006 당면 교육정책 개선방안).

1) 우수 교원 확보를 위한 특별법 제정 필요

교원의 사회 · 경제적 지위를 향상시키고, 교직의 매력을 높여 우수 인재를 교직에 유치함으로써 교육의 질을 높이기 위해서는 '우수 교원 확보 및 교원의 전문성 신장'을 위한 특별법을 제정 · 운용할 필요가 있다.

2) 질 관리 체제 확립 및 교원양성기간 연장

학교의 소규모화 등에 대비하여 양성기관에서의 복수자격증 취득을 적극 유도하고, 시대적 요청과 변화에 부응하는 교원양성기관의 교육과정 개편, 교과교육 담당교수 확충, 교직 과목의 경우 교수 신규 채용 시 초·중등학교 교육경력자 우대, 내실 있는 실습지도, 교직윤리 강화 등을 지속적으로 추구함으로써 교원양성과정의 수월성을 높여야 한다. 특히 유아교육 교원양성을 위한 교육과정 개편, 교원의 보수 및 여건 개선 등 별도의 개선방안이 절실히 요구된다. 그리고 지나치게 난립되어 있는 중등 교원양성기관의 정원조정도 자율적이 되도록 정책적인 가이드라인이 제시되어 실천할 필요가 있다. 또한 자율적인 질 관리 체제 구축을 위해 교원교육 평가 인정 체제를 확고히 구축해야 할 것이다. 그리고 교원의 전문적 자질 향상을 위해 의사, 성직자 양성과정처럼 교원양성기간을 대학원 수준으로 연장할 것을 검토해야 한다.

3) 교수활동 위주의 자격체계 개편 및 연수 강화

현행 교사자격제도를 교수·학습활동 중심으로 2급 정교사, 1급 정교사, 선임교사, 수석교사 등으로 개편한다. 또한 교원의 전문성 신장을 촉진하고 자극을 주기 위해 교직 생활 5~6년을 주기로 집중적인 연수를 받게 하는 동시에 자격별 유효기간을 설정하여 연수프로그램 이수를 통해 자격증을 갱신하도록 한다. 더하여 개인별 연수 결과를 보수체계 운영과 연계시키고, 특히 교장의 직무능력 계발을 위해 리더십, 협상능력, 조정능력 등을 비롯해서 재무, 회계, 교육 관련법 등에 관한 실무적 현직 연수를 강화한다.

4) 교원임용제도 개선

현행 승진 기준을 전면 개편하되 연수성적 배점 비중을 높이고, 석·박사 학위 취득 배점을 포함하는 연수성적 점수를 상향 조정할 필요가 있다. 구체적으로는 현재 교육부에서도 추진하고 있는 경력 평정기간을 20년 정도로 단계적으로 조정해야 한다. 그리고 근무성적 평정 비중을 낮추고 그 기간을 적절하게 조정하며, 장기적으로는 근무성적 평가제도와 교원평가제도를 통합하여 운용한다. 이 외에도 합리적이고 현실적인 교장임용체계를 마련하여 운용함으로써 국제적 수준에 맞추도록 한다.

5) 근무조건 개선

쾌적한 근무환경 조성을 위한 시설의 확충 및 첨단화가 지속적으로 추진되어야 한다. 그리고 자녀교육 지원을 확충하며 문화와 휴양 혜택 증진 및 의료 지원을 강화하는 등 전문직으로 활동하는 데 필요한 제반 복지·후생시설을 확충해 나아가야 할 것이다. 아울러 교원의 잡무를 근절시키는 근본적인 대책 또한 강구되어야 한다.

6) 전문성 신장을 유도하는 교원 보수체계 확립

우수한 교원을 교직에 유치하고 교원의 직무의욕을 높이기 위해 교원의 보수체계 개편이 필요하다. 이를 위해 교직의 전문성과 특수성을 반영할 수 있는 교육공무원 보수규정을 별도로 마련해야 할 것이다. 그러나 교원의 수가 많기 때문에 획기적인 처우 향상을 기대하기는 어려울 것이므로 차등화 전략을 마련한다. 이를 위해서는 이제까지의 단일호봉제의 골격을 유지하면서도 미국에서처럼 복선형(matrix shape salary schedule) 호봉체계를 도입한다. 즉, 자격 및 근무연한 등을 반영하는 것이다. 이는 교원의 전문적 자질을 높이고 연구의욕을 고취할 뿐 아니라 교직의 위상을 높이는 데도 크게 기여할 것이다.

또한 보수체계 운영에 있어서 초과수업 수당을 지급하고 수업과 학생지도에 모범적이거나 학교 · 교육 발전에 공헌한 이들에게 적정한 인센티브를 제공한다.

7) 교원단체교섭에 관한 새로운 법률 제정

교원단체활동은 교권 신장과 교원의 사회 · 경제적 지위 향상뿐 아니라 교육의 발전과 교원의 전문성 신장에도 영향을 미친다. 이러한 이유에서 교직단체가 역할과 기능을 제대로 수행할 수 있도록 교원단체의 단체교섭에 관한 법률을 새롭게 제정하되, 단체교섭 절차 및 범위, 법적 구속력 강화, 지원 관련 사항 등이 포함되도록 한다. 그리고 복수교원단체 체제 아래 각 교원단체는 선의의 경쟁을 통해 교직의 위상을 높이고 교육의 질 향상을 위한 교육 여건 개선이 이루어질 수 있도록 협력해야 한다. 이를 위해서 교원단체와 국가 및 지방자치단체는 갈등과 대립관계가 아닌 협조적이고 동반자적 관계 형성에 힘써야 할 것이다.

참고문헌

한국교원단체총연합회(2006). 2006년 당면교육 정책 개선 방향.

서정화(2002). 교원의 전문성 강화 방안. 자율과 책무의 학교개혁: 평준화 논의를 넘어서서.

서정화 외(2004). 교원 보수체계 개편방안 연구. 한국교원단체총연합회.

와카이 야이치(若井彌一, 1997). 일본 교원양성 정책 및 교원 채용의 동향과 확립된 교원전문직에의 과제. **교육행정학연구**, 15(3). 한국교육행정학회.

제10장 현장에서 필요로 하는 직업교육

지식기반경제의 도래로 경제 환경이 급변하고 있으며, 이와 더불어 지식의 창출 및 확산을 담당하는 지식근로자(knowledge worker)에 대한 수요가 늘고 있다. 따라서 현재의 직업교육 체제는 기존의 단순기능 인력의 양적 확보를 위한 교육 체제에서 창조적 능력을 구비한 인력을 양성하는 교육 체제로 변화해야 하는 시대적 요청에 부응하는 재구조화가 절대적으로 필요한 시점이다. 이러한 상황에서 우리는 직업교육 체제가 우리 경제의 경쟁력 제고를 떠받치는 핵심요인으로 자리 잡을 수 있도록 정책방안을 모색해야 한다. 특히, 실업계 고등학교 졸업자의 진학률이 취업률보다 높은 상황에서 실업계 고등학교 교육 체제의 재편과 단순히 2년제 대학으로 전락하여 지식기반경제의 요구에 부응하지 못하고 있는 전문대학의 기능 제고가 필요하다.

1. 직업교육의 현황 및 주요 문제점

산업화 시대에 있어서 직업교육은 대량생산을 위한 기능 인력을 양성하는 산업발전의 원동력으로서의 역할을 해왔다. 그러나 현재 직업교육 체제는 사회경제의 변화에 적절히 대응하고 있지 못함은 물론이고, 그 시스템 자체의 장기적 존속 여부도 의문시되고 있는 상황이다. 이는 단순히 직업교육 시스템의 문제에서 발생하는 요인도 있으나, 고등교육의 확대 등 교육 체제의 변화와 실업교육 이수자의 취업구조 변화에도 기인한다.

1) 실업계 고등학교의 직업교육 기능 약화

가장 먼저 지적할 수 있는 것이 실업계 고등학교가 취업을 위한 직업교육보다는 상위학교 진학을 위한 교육기관으로 변모했다는 점이다. 실업계 고등학교는 1990년대 들어 지식기반사회 도래에 따른 산업 및 직종구조의 급속한 변화, 고등교육 수요 증가, 그리고 학령인구의 감소 등으로 심각한 정체성 위기를 겪고 있다.

실업계 고등학교는 2005년 기준 713개교로 전체 고등학교 수 2,156개교의 33.1%를 차지하고 있다. 이 중 국립이 5개교, 공립이 412개교, 사립이 296개교이다. 실업계 고등학교 학생 수는 503,104명으로 전체 고등학생 1,259,792명의 39.9%를 차지하고 있다(교육인적자원부. 교육통계연보, 2005).

실업계 고등학교 졸업자의 고등 교육기관 진학률은 1970년 9.6%에 불과했으나 2000년 42%, 2005년 67.6% 등으로 점차 증가하는 추세이다. 전체 졸업자 중 41.9%, 전체 진학자 중 61.9%가 전문대학에 진학하였다. 실업계 고등학교 졸업자의 대학 진학률은 2000년 11.5%에서 2005년 25.7%로 2배 이상 급증하였으며, 이후 꾸준히 증가하는 추세를 보이고 있다([표 10-1] 참조). 실업계 고등학생의 진학률이 증가하는 것은 전반적으로 학력 인플레이션이 심화되면서 실업계 고등학교 졸업생들도 고등 교육기관으로 진학하는 경향을 보이고 있기 때문이다.

[표 10-1] 실업계 고등학교 졸업자의 진로 상황

(단위: %)

연도	진학률			취업률
	계	전문대학	대학	
1990	8.3	5.5	2.8	76.6
2000	42.0	30.5	11.5	51.4
2005	67.6	41.9	25.7	27.7

* 출처: 교육인적자원부. 교육통계연보, 각 연도.

1999년부터 실업계 고등학교와 고등 교육기관을 연계하여 실업계 고등학교 2, 3학년 과정과 2년제 대학 과정을 잇는 이른바 '2+2 정책'의 추진도 고등 교육기관 진학률을 높인 것으로 보인다. 그러나 '2+2 정책'은 기초 기능 인력을 필요로 하는 직종의 인력 수급에 불균형을 초래하고, 실업계 고등학교 졸업자의 전문대학 교육과 일반계 고등학교 졸업자의 대학에서의 교육과정에 차별성이 없어 실업계 고등학생의 경우 전문대학에 진학하여 동일한 내용을 중복으로 학습하는 등 대학과의 연계가 이루어지지 않는 어려움을 겪고 있다. 그러므로 실업계 고등학교 졸업자의 진학률이 증가하는 형편에 부합하여 실업계 고등학교의 교육 내용과 대학의 교육 내용 간의 연계성을 강화할 필요가 있다.

또한 실업계 고등학교 학생의 대학입학 문호를 확대하기 위하여 입학정원 외 대입제도를 실업계 학생에게도 적용한 것이 진학률 증가에 일조했다. 즉, 대학 진학을 원하는 실업계 고등학교 졸업생에게 2004학년도부터 대학입학 정원의 3% 이내에서 동일계 정원 외 선발을 허용하고, 2005학년도에는 대학수학능력시험에 실업계 고등학교 전문교과(직업탐구영역)를 포함하는 실업계열을 신설하여 대학 문호를 넓혀 놓았다.

이러한 정책은 실업계 고등학교의 교육이 종국 교육이 되지 못하고 대학 진학을 위한 준비교육으로 전락하게 되는 결과를 낳아 실업계 고등학교의 극심한 정체성 혼란을 초래하였다.

2) 실업계 고등학교의 특성화 추진

실업계 고등학교의 위상이 흔들리고, 졸업생의 취업시장이 줄어들며, 이른바 3D 업종의 기피현상으로 기존의 실업계 고등학교 체제로는 더이상 어렵다는 인식이 확산되었다. 취업기회의 축소 및 여건 악화, 실업계 고등학교 진학 기피, 고등 교육기관으로의 진학기회 제한, 교원의 구조적 취약성, 교육과정 운영의 경직성, 시설 · 설비 여건의 미흡 등의 문제점이 크게 대두됨에 따라 정부에서는 보다 실질적인 변화 모색을 위해 2000년 1월 '실업계 고등학교 육성대책'을, 그리고

2001년 11월 '실업교육 육성방안'을 발표하고 이를 추진해 오고 있다.

교육인적자원부는 실업계 고등학교에서 취업과 진학을 동시에 추구하고 기능 인력 양성뿐만 아니라 중견 · 전문기술자 양성을 위한 직업기초교육을 실시하는 방향으로 실업계 고등학교의 기능을 재정립하고자 노력하였다. 특히 1996년부터 실시되고 있는 특성화 고등학교의 확대는 학생이 자신의 적성과 능력을 고려하여 조기에 진로를 결정해 전문가로 양성될 수 있도록 길을 열어주기 위한 것으로, 정보고 · 디자인고 · 전자통신고 · 대중음악고 등 다양한 유형의 고등학교가 탄생하였다. 기존 실업계 고등학교는 자율 결정에 따라 특성화 고등학교로 전환하고 특성화 고등학교 졸업생이 동일 계열의 상급학교로 진학할 경우 수능을 면제하고 있다.

특성화 고등학교는 1998년에 1개교, 1999년에 8개교에서 2006년 4월 기준으로 91개교로 확대되었다. 그리고 원예, 자동차, 정보통신, 관광, 조리, 디자인, 애니메이션 등 다양한 분야로 설립 운영되고 있다. 이 밖에 실업계 고등학교를 일반계 고등학교로 전환하였고, 통합형 고등학교와 1999년부터는 교육과정 자율운영 실험학교를 운영하고 있다. 특성화 고등학교는 학생 개인의 소질과 적성에 맞는 직업교육을 위해 특정 분야에 대한 교육을 전문적으로 실시하여 그 소기의 성과를 거두고 있는 것으로 판단된다. 또한 경쟁력 없는 실업계 고등학교는 일반계 고등학교로 전환하여 학생과 사회의 요구에 부응하려는 노력을 하고 있다.

정부의 실업계 고등학교 육성대책은 실업계 고등학교를 고졸 수준의 기능 인력 양성과 중견 및 전문기술자 양성을 위한 직업 기초교육을 동시에 추구하는 중등 단계 직업교육기관의 육성을 지향하고 있다. 그러나 제시된 대책 중 통합형 고등학교의 도입·운영이나 전문교과 교직의 유연성 및 전문성 확보 정책 등은 학교현장의 동의와 협조를 얻는 데 상당한 애로를 겪은 바 있다. 또한 개별 육성대책을 실현하기 위한 구체적인 정책의 미흡으로 육성대책의 추진이 다소 지연되기도 했다.

3) 전문대학의 정체성 위기

우리나라 전문대학은 1979년에 초급대학, 전문학교, 간호학교 등을 승격 개편함으로써 현재와 같은 제도를 갖춘 후 지난 20여 년 동안 양적으로 괄목할 만한 성장을 이룩하였다. 1980년대 후반부터 산업구조가 고도화되고 경제가 급속히 발전함에 따라 산업체가 요구하는 다양한 중견 전문 인력의 양성·공급에 크게 기여하여 왔다. 특히 1990년대 지식정보화 시대에 접어들면서 직업교육의 중심축이 고등학교에서 대학 단계로 상향 이동하면서 전문대학 교육의 중요성이 크게 강조되었다.

과학·기술의 급속한 발전으로 지식과 기술의 수명이 점차 짧아지고, 직종 구조의 빠른 변화로 과거에는 없었던 다양한 형태의 새로운 직업이 나타났다. 따라서 과거 산업사회에서의 획일적이고 경직된 형태의 직업교육은 그 대상, 프로그램, 운영 방식 등에서 근본적인 개혁이 필요하게 되었다. 그 결과 전문대학은 새로운 환경변화에 적극적으로 대응할 수 있도록 i) 직업교육의 특성화·다양화 및 체계화를 통한 직업교육의 질적 수준 및 효율성 제고, ii) 지역 산업과의 생산적

협력관계 구축을 통한 현장성 제고, iii) 실업계 고등학교 졸업자 · 비진학 청소년 · 일반 성인 등을 대상으로 계속 직업교육 기회제공 등을 요구받고 있다. 또한 전통적으로 직업 인력을 양성하던 보건계열 학과, 피부미용 전공계열 등 전문대학에 설치된 학과가 4년제 대학에도 설치되는 등의 전문대학과 4년제 대학 간의 기능과 역할 분담의 경계가 허물어져 전문대학 교육의 상당한 위기 현상이 나타나고 있다. 2006년의 경우, 전문대학의 미충원율이 11.3%에 이를 정도로 학생 수가 격감하여 전문대학의 직업교육 체제가 근본적으로 흔들리고 있다.

한편, 산업체에서는 전문대학의 이론중심 교육의 문제를 지적하면서 실무중심 교육, 정보화 교육, 국제화 교육 등을 요구하고 있다. 전문대학의 특성화 · 전문화를 유도하는 정부 정책이 효과를 거두기 위해서는 교육 내용에 대한 질적인 평가가 강화되어야 한다.

[표 10-2] 전문대학 현황

- 학교 수('06): 152개(국립 5개, 공립 8개, 사립 139개교 ※ 사립 비중 91.4%)
  ※ 6개 전문대 통합 · 개편('06. 3): 청주과학대, 고대병설보건대, 가천길대학, 삼육의명대, 안동정보대학, 동명대
- 학생 수('06): 817,994명
  ※ '06년 입학자 수: 254,433명
- 교원 수('06): 11,857명

* 출처: 교육인적자원부 · 한국교육개발원(2006) · 교육통계연보

4) 전문대학 지원 정책의 문제점

전문대학의 직업교육 기능을 강화하기 위해 정부에서는 i) 전문대학 특성화 프로그램, ii) 주문식 교육과정, iii) 산업체 위탁교육, iv)

연계 교육과정 운영 등의 지원 정책을 펴고 있다.

'전문대학 특성화 지원 사업'은 대학의 장·단기 발전계획에 근거하여 학교별·계열별 특성화 프로그램을 지원하여 학교별·계열별 특성화를 촉진하고, 학교별로 비교우위를 갖는 질 좋은 직업교육 프로그램을 집중 육성하여 직업교육의 내실화·전문화를 유도하는 데 그 목적이 있다. 초기에는 계열 차원이 아닌 교수 차원의 지나친 세분화와 해당 전문대학의 중·장기 발전계획과의 연계성 부족으로 큰 성과를 거두지 못했다. 이에 대해 교육인적자원부는 2002년도 재정 지원 사업에서 특성화 1, 2, 3 영역을 계열 특성화로 하여 단일학과의 프로그램 중심이 아닌 학교에서 장기적으로 발전시키고자 하는 계열(대학에서 모집단위로 사용하고 있는 기계계열 등이 아닌 인문사회, 공학, 예체능, 자연과학 등의 대계열을 의미)을 중심으로 사업계획서를 제출하도록 하였으며, 평가 및 지원액 결정 시 해당 계열 전체의 특성화 정도 및 대학에서 해당 계열이 차지하는 비중 등을 고려하였다.

최근 학생 자원 감소 문제를 고려할 때 보다 과감한 특성화 추진이 요구된다. 특성화 사업이 정원 감축이나 학과 통폐합 등의 구조조정을 반드시 전제로 하고 있는 것은 아니지만, 전반적으로 전문대학 스스로 자구책 차원에서의 과감한 특성화와 구조조정 추진 노력은 미약한 편이다. 하지만, 전문대학 특성화 사업은 실시한 지 5년여밖에 되지 않았음에도 불구하고 대학의 특성화를 위한 투자를 이끌어내고, 산학협동 등을 주요 평가항목으로 포함시킴으로써 직업교육의 내실화·전문화에 간접적으로 기여한 바가 크다.

'주문식 교육과정'은 산업체가 요구하는 교육 내용을 교육과정에 반영함으로써 현장성 있는 인력을 적시에 양성 · 공급하고, 결과적으로 산업체의 재교육 비용을 절감할 수 있는 교육프로그램을 말한다. 여기서의 주문식 교육과정은 전문대학 정규 교육과정 자체의 현장 적합성 향상을 주목적으로 하는 것으로 산업체와 전문대학 간 긴밀한 산학협력 관계를 유도하는 수단으로서의 성격이 강하다.

'주문식 교육과정'은 1996년과 1997년에 영진전문대학과 대천전문대학이 교육부로부터 '계열별 모집 · 전공 코스제 운영'에 관한 시범대학으로 지정받아 이를 성공리에 운영하였다. 이 결과를 토대로 1998년에는 43개 대학으로 확대 실시하였다. 1999년부터 실시된 교육부 재정 지원으로 더 많은 대학으로 확산되어 2005년 기준으로 109개 대학의 4만 3천여 명, 1만 6천 개 기업체가 참여하고 있다.

주문식 교육과정 운영 참여 학교, 학생 수 및 산업체의 양적인 증가에도 불구하고, 현재의 주문식 교육과정 운영에 대해서는 많은 문제점이 지적되고 있다. 우선 전문대학 및 산업체에서의 주문식 교육과정 운영에 대한 이해 부족이다. '주문식'은 특수성, 개별성을 의미하는 바, 특정 산업체의 특정 주문 내용을 전문대학 정규 교육과정에 반영하는 것은 주문식 교육과정 운영의 본래 의미를 잘못 해석한 것이라 볼 수 있다. 다음으로 전문대학에서는 2년의 정규 교육과정(양성과정)에 초점을 두고 있는 반면, 대부분의 산업체에서는 직무 향상 교육에 관심을 두고 있는 점이다.

전문대학 입학 자원의 급감, 성인 재교육 · 훈련의 수요 증가 등을 고려할 때, 향후 전문대학의 주문식 교육은 성인 대상의 특정 직무 향상 교육에 초점을 둘 필요가 있다. 양성과정도 지역사회의 여건 분석, 산업체 요구 분석 등에 기초하여 산학협력 강화를 통한 교육과정의 현장성을 제고하는 방향으로 개선되어야 할 것이다.

'산업체 위탁교육 과정'은 산업체 근로자들에게 기술능력 개발을 위한 계속교육의 기회를 제공하기 위하여 산업체와 전문대학이 위탁교육 계약을 체결하여 실시하는 제도다. 고등학교 졸업 학력의 소지자로서 산업체 근무경력이 1년 6개월 이상인 자들 중 산업체 장의 추천과 교육부장관의 승인을 얻어 정원 외 무시험 서류전형으로 입학시킨 후 정규 교육과정을 이수케 한 다음 졸업자격(산업학사 학위)을 부여한다. 1994년 당시 42개 대학이 참여하여 모집정원 대비 등록생 비율이 1.8%로 총 3,455명이 위탁과정에 참여하였으나 2005년 기준으로 116개 대학에 2만 2천 명이 위탁과정에 등록하고 있다.

그러나 산업체 위탁교육과정은 다음과 같은 문제점이 있다. i) 전문대학 교육 재원 확보를 위해 무분별하게 확대 실시하여 그로 인한 교육 수준의 질적 저하와 수강인원 확보의 어려움 및 산업체의 협조 부족을 들 수 있다. 즉, 산업체가 인력개발 및 사원복지 차원에서 자발적으로 근로자 교육을 위탁하는 것이 아니라 근로자 개인 차원에서의 입학이고, 산업체 위탁교육의 주된 대상인 중소기업의 경우 인력을 2년 동안 위탁교육을 보낼 여유가 없는 것이 현실이다. ii) 현장직무와 교육과정 간의 괴리로 인하여 산업체 위탁교육의 실효성이 미흡하고, 위탁교육생들의 학습시간 및 학습능력이 부족한 실정이다. 이러한 문제해결을 위해서는 향후 현장 직무분석에 기초한 교육과정의 개발·운영, 산업체 위탁교육생에 맞는 교수-학습방법 개발·적용 등이 요구된다.

실업계 고등학교와 전문대학의 '연계 교육과정'은 양자 간의 상호 협약을 통해 실업계 고등학교 2년 과정(2, 3학년)과 전문대학 2년 과정을 연계하여 4년간의 교육과정을 전공계열에 맞게 편성 · 운영하는 제도를 말한다. 실업계 고등학교에서는 전공 기초지식 · 이론 및 직업 기초능력 함양에 중점을 두고, 전문대학에서는 이들을 무시험 특별전형으로 입학시킨 후 전공심화 및 응용능력 배양에 중점을 두어 교육하는 제도로 1999년부터 교육부의 재정 지원 사업에 포함됨으로써 지속적으로 확대되고 있다. 그러나 운영과정에서 다음과 같은 문제점이 지적되고 있다. ⅰ) 연계교육이 직업교육의 효과성 제고, 계속교육의 기회 제공 등 본래의 목적 실현보다는 전문대학이 장래 입학 자원을 확보하려는 의도에서 운영하는 경향이 있다. ⅱ) 교육과정 · 교재개발 · 시설활용 등에 있어 운영주체들 간의 협력 부족, 기존의 2+1제도와의 상충, 법적 · 제도적 근거 미흡 등 제도운영상의 문제가 노출되고 있다. ⅲ) 전문대학과 실업계 고등학교와의 연계교육에 비하여 대학 · 산업대학 · 산업체와의 연계교육 실적은 미미한 수준이다. 현재 전문대학이 대학과 연계 교육과정을 운영할 경우 대상 학생은 4년제 대학으로 지방에 한하여 정원 외 3% 편입이 가능하도록 고등교육법시행령이 개정되어 있다.

5) 기술기능 인력의 계속교육 체제 미비

전문대학 졸업생을 위한 계속교육 통로 구축 문제는 오래전부터 고민되어 왔다. 그 문제를 풀기 위한 해결책이 여러 차례에 걸쳐 제시되었으나 그간의 대책이 실효를 거두었다고 보기는 어렵다.

1982년 교육개혁조치에 따라 산업체 근무자들에게 평생교육의 기회를 제공하고, 전문대학 및 실업계 고등학교 졸업생들에게도 계속교육의 기회를 제공한다는 취지에서 '개방대학'이 설립된 것도 이런 배경에서였다. 개방대학은 1989년부터 산업대학으로 개칭되었다. 2006년 기준으로 전국의 산업대학은 14개교에 학생 수 약 18만여 명에 이른다(교육인적자원부(2006). 교육통계연보). 그런데 문제는 산업대학이 현재 일반 대학과의 차별성이 적어지면서 고유의 직업교육 기능이 점차 줄어들고 있다는 점이다.

한편 전문대학 졸업생이 4년제 대학에 편입학하는 것은 현재와 같이 4년제 대학이 아카데미즘에 편향되어 있는 상황에서는 계속교육 통로로서는 부적절하다. 교육 목적이 일치하지 않고 교육과정이 연속되기 힘들며 교수-학습방법도 상이하다는 점에서 4년제 대학 편입학이 전문대학 졸업생의 계속교육 통로로 기능하기는 어려운 형편이다. 또 4년제 대학 편입 희망 전문대학 재학생들의 수업에 대한 관심 부족과 편입준비로 전문대학의 직업교육이 충실히 수행되지 못하는 부작용도 발생하고 있다.

2. 직업교육의 개선방안

앞서 지적한 바와 같이 현재 실업계 고등학교, 전문대학의 교육은 대내 · 외적으로 상당한 위기상황에 처해 있다. 이는 전체 학생 수의 감소와 4년제 대학을 선호하고 실업교육을 하급 교육으로 인식하는 사회 풍토에서 기인한다. 따라서 실업교육이 국가 발전의 원동력에 필요한 인력을 양성하는 구실을 하기 위해서는 국가적 대책이 필요하다.

1) 실업계 고등학교의 특성화 · 전문화 · 다양화 추진

먼저, 실업계 고등학교를 소수 정예화하여 특성화 고등학교로 육성한다. 특성화 고등학교는 기본적으로 기업체와 협약하여 산업별 핵심 기술 인력을 양성하도록 한다. 이를 위하여 인력 수요 부처, 지자체와 산업체가 산업 수요를 파악하고 특성화 고등학교에서 이에 필요한 인력을 양성하여 공급하도록 한다. 특정 분야의 특정 인력이 필요한 기업체가 실업계 고등학교를 인수하여 맞춤형 교육을 실시할 수 있도록 관련법의 정비도 강구하여야 한다.

또한 운영이 어렵거나 부실한 사립 실업계 고등학교는 국공립화하고, 이 경우 직업훈련의 노하우가 많은 노동부가 운영에 나서는 문제를 검토해 볼 수 있을 것이다. 또 정예화되기 힘든 실업계 고등학교의 일반계 고등학교 및 통합형 고등학교로의 전환을 확대할 필요도 있다.

한편, 실업계 고등학교의 소수 정예화는 특성화, 전문화 및 다양화와 병행하여 추진되어야 한다. 지식기반경제의 진전 및 경제의 서비스화 등 산업구조의 변화와 그에 따른 인력 수요의 변화에 부합할 수 있도록 실업계 고등학교의 다양화를 지속적으로 추진하고 해당 분야에 대한 특성화, 전문화를 추구함으로써 실업계 고등학교에서 배출되는 인력의 질을 제고할 수 있는 것이다. 프랑스의 경우 회계, 안경, 악기, 농업, 수의, 요리사, 제빵, 구두, 음악, 미술 등 거의 모든 직종과 관련하여 다양한 특수목적고가 존재한다는 사실은 우리에게 시사하는 바가 적지 않다.

실업계 고등학교의 소수 정예화를 전제로 학생에 대한 대폭적인 지원 대책이 강구되어야 할 것이다. 실업계 고등학교 학생에 대해 적어도 3년 이상 관련 전공분야 취업을 전제로 수업료를 면제해 주는 것도 하나의 방안이다. 물론 실업계 고등학교 졸업 후 곧바로 대학에 진학하는 등 3년 이상 관련 전공분야에 취업하지 않은 경우에는 면제받은 수업료를 반환해야 한다. 이런 방안이 도입된다면 현재보다는 우수한 학생 혹은 직업교육에 뜻을 둔 목적의식적인 학생의 실업계 고등학교 유입을 촉진할 수 있을 뿐만 아니라, 실업계 고등학교 졸업자의 취업을 촉진함으로써 그들을 많이 필요로 하는 중소기업의 인력난 해소에도 기여하게 될 것이다(강무섭 외, 2004).

그리고 실업계 고등학교를 졸업한 후 적어도 3년 이상 관련 전공분야에서 현장경험을 인정하여 대학 2학년에 편입할 수 있도록 경험학습 인증제를 실시하도록 한다. 이는 OECD에서 권고하는 '학교-직업-학교-직업'으로의 순환교육(recurrent education)을 촉진할 수도 있을 것이다.

2) 전문대학의 전공심화과정 개편

전문대학 졸업생의 계속교육을 촉진할 수 있도록 전문대학의 과정을 완전한 학제로 개편한다. 학사학위과정인 전문대학 전공심화과정은 전문대학 졸업자 혹은 전문대학과 동등학력 이상인 산업체 경력자를 대상으로 전공의 특성에 따라 일정기간 전공심화교육을 실시함으로써 해당 직무분야의 계속교육 기회를 제공하는 제도이다. 뿐만 아니라 전문대학 졸업자 혹은 동등학력 이수 후 일정기간이 지난 성인학습자에 대하여 전직 및 재취업의 직무능력을 배양하여 고학력 실업률 저하에 기여하고자 하며, 단기 고등교육을 이수한 전문직업인으로 하여금 급변하는 지식기반사회에 능동적으로 대처하고 계속교육을 통한 능력 향상을 지원할 필요가 있다. 전공심화과정의 기능 확대는 전문대학 내 학교에서 직업세계로의 이행(School-to-Work) 및 직업세계에서 학교로의 이행(Work-to-School)이 자유로운 순환형 직업교육 체제 구축과 운영을 가능하게 하여 산학협력을 통한 국가 인적자원 개발 및 관리의 효율성 증대를 도모하게 될 것이다.

학사학위과정인 전문대학 전공심화과정의 설치 · 운영에 있어서 교육 기본 여건인 교원 · 교사 확보율은 연차적으로 4년제 (산업)대학에 준하여 적용하고, 교육과정 및 학사운영 방법은 '전공심화과정 운영지침'을 교육부 고시로 제시하되, 세부 운영방안은 대학의 학칙에 위임하여 이를 당해 대학에 설치한 전공심화과정운영위원회에서 관리할 수 있도록 한다. 직업교육의 새로운 수요층(성인 · 소외계층 · 재교육 · 전직교육 · 향상교육)을 창출하는 탄력적인 학사학위과정으로 운용하기 위해 산학협동교육을 의무화하고, 고용보험기금 지원을 통하여 산업체 재직자의 직업능력 계발을 위한 계속교육 여건을 마련해야 한다. 한편, 2007년 5월 현재 비학위과정인 전공심화과정을 이수한 자에게 학사학위를 수여할 수 있도록 하는 고등교육법 개정법률안이 국회 교육위원회의 의결을 거쳐 법사위에 계류 중에 있다.

3) 산업현장에 필요한 교육과정 편성

산업현장의 교육적 요구에 입각한 교육과정을 편성하도록 지원한다. 산업현장에서 필요로 하는 지식과 기술을 대학에서 교육과정으로 반영하기 위해서는 무엇보다도 산업현장의 직무 분석이 선행되어야 한다. 산업현장에서 직무를 충실히 수행하기 위해 필요한 지식과 기술이 무엇인지를 정확히 파악해야 한다. 미국, 영국이나 독일 등에서는 각 직종별로 직무 분석을 꾸준히 실시하고 있으며, 이에 근거하여 대학의 새로운 교과로 반영하고 있다.

산업체 현장에서 요구되는 능력은 크게 '일반 직업 직무능력'과 '특수 직업 직무능력'으로 구분할 수 있다. '일반 직업 직무능력'은 협력과 대화, 그리고 새로운 분야로의 활용 능력을 배양하는 등 보편적인 직무 활동에 필요한 능력이다. 영국산업협회는 이를 핵심 직능(core skills)으로 개발하여 이러한 능력을 대학에서 배양해 줄 것을 요구하였고, 각 대학도 협회와 연계하여 이를 교육과정으로 개발하였다. 일반 직업 직무능력은 대학의 교양과정에서 주로 다루어진다. '특수 직업 직무능력'은 특정한 분야에서 전문가로 활동할 수 있는 기초지식·기능과 특수 능력을 의미한다. 각 전공과목에서 이를 배양할 수 있도록 교육과정이 편성·조직되어야 한다.

따라서 직업교육과정 개편위원회를 설치하여 직무 분석에 입각한 교육과정과 자격 체제를 갖추도록 한다.

참고문헌

강무섭 외(2004). 생애에 걸친 학습 체제의 구축. 교육인적자원정책위원회.

교육인적자원부(2006). 교육통계연보.

김신일, 김호동, 최돈민 외(2002). 직업교육 체제 개편을 통한 직업중심대학 육성방안. 한국전문대학교육협의회.

김호동(2000). 고등교육의 전망과 고등교육의 대응. 전문대학의 위기, 어떻게 극복할 것인가. 제2회 전문대학 교육정책포럼. 한국전문대학교육협의회.

김호동(2006). 전문대학 전공심화과정(학사학위과정) 설치 · 운영 방안. 전공심화과정연구 공청회 발표자료.

대통령 자문 교육인적자원정책위원회(2002). 21세기 지식강국을 주도할 국가인적자원개발 정책보고서. 교육인적자원정책위원회.

옥준필 외(2004). 실업계 고등학교 계열별 교육과정 연구. 한국직업능력개발원.

윤여각, 최돈민, 양병찬(2000). 평생교육의 활성화를 위한 고등교육 체제 개혁 방안 연구. 한국교육개발원.

이희수 외(2001). 한국 성인의 문해 실태에 관한 OECD 국제비교 조사연구. 한국교육개발원.

최돈민(2002). 전문대학 중심의 고등 직업교육 체제 혁신. 2002년도 하계학술대회 발표논문. 한국전문대학교육연구학회.

최돈민(2003). 전문 직업교육의 강화(제12장). 교육과 인적자원개발: 국가인적자원개발을 위한 교육의 과제. 한국교육개발원.

Alladin, I. (1992). International cooperation in higher educational education: The Globalisation of universities. *Higher Education in Europe*. CEPES, Bucharest, 17(4).

Bourgeois, E., et al. (1999). *The adult university.* Buckingham: The Society for Research into Higher Education & Open University Press.

Etzkowitz, H., & Leydesdorff, L. (Eds.). (1997). *Universities and global knowledge economy.* London: Pinter.

제11장 세계적 수준을 선도하는 대학

현재 선진국을 비롯한 세계 각국은 '소리 없는 치열한 전쟁'을 치르고 있다. 바로 국제경쟁력을 갖춘 인재를 확보하기 위한 '인재 전쟁'이다. 이러한 경쟁 속에서 국가발전의 핵심인력을 키우는 데 중추적인 역할을 담당해야 할 곳이 대학임은 두말 할 필요도 없다.

국내 기업이 전세계의 고객을 대상으로 국경을 넘나들며 세계 유수 기업들과 경쟁하듯, 이제 우리 대학들도 하버드, 예일, MIT 등 세계의 명문 대학들과 치열한 경쟁을 해야만 하는 시대가 되었다. 이제 국내 대학끼리의 비교에서 괜찮다는 평가만으로 경쟁력을 높이기 위한 치밀한 전략 수립이나 핵심역량에 집중하지 않는 대학은 경쟁에서 반드시 뒤떨어지고 결국 도태되고 말 것이다.

더 좋은 교육을 받기 위한 교육 수요는 나날이 높아지고 있으나 이를 충분히 만족시켜 줄 대학은 여전히 부족한 상태여서 재능과 열정을 가진 우수한 학생들이 글로벌 스탠더드에 걸맞은 양질의 교육서비스를 찾아 해외로 떠나고 있다.

그동안 한강의 기적이라 불린 대한민국 경제발전에 큰 기여를 했던 우리의 대학교육이 산업구조의 변화와 경쟁 환경의 변화에 따라 근본적으로 바뀌어야 할 시기가 도래한 것이다. 이 장에서는 우리 대학교육의 현황과 주요 문제점을 진단하고, 글로벌 스탠더드를 이끌어 갈 수 있는 세계적인 경쟁력을 갖춘 대학의 육성방안을 살펴보았다.

1. 대학교육의 현황과 주요 문제점

1) 대학교육의 현황

2006년을 기준으로 사내대학을 포함하여 전국에 221개의 고등교육기관에 2,434,047명의 학생(휴학생 포함)이 있고, 총장과 전임교원을 포함하여 총55,332명의 교원이 대학교육을 담당하고 있다. 주목할 만한 것은 1970년 당시 71개교에 불과하던 4년제 대학교가 2006년에는 175개교로 104개교가 증가했다는 점이다. 특히 1970년대 당시 약 78.9%를 차지하던 4년제 사립대학교의 비율이 2006년에는 85.7%를 차지할 정도로 사학의 비율이 높아졌다.

또한 2006년도를 기준으로 고등학교를 졸업한 학생의 82.1%가 대학에 진학하고 있는데, 다시 말해 고등학교 졸업자 10명 중 8명이 대

[표 11-1] 고등교육기관 현황

구 분	학교 수	학생 수	교원 수
대 학	175	1,888,436	51,859
교육대학	11	25,881	857
산업대학	14	180,435	2,117
기술대학	1	130	-
방송통신대학	1	273,417	134
각종학교	3	1,027	18
원격대학	15	64,658	347
사내대학	1	63	-
합 계	221	2,434,047	55,332

* 출처: 교육인적자원부 · 한국교육개발원(2006), 교육통계연보.

학생이 된다는 것으로 미국(63.3%), 일본(49.1%)을 비롯한 세계 여느 나라의 대학진학률과 비교해도 대학교육에 대한 수요는 세계 최고 수준임을 알 수 있다. 그러나 심각한 문제점은 우리의 대학교육이 양적인 증가에 걸맞게 질적 수준이 향상되지 못하고 경쟁력이 떨어진다는 것이다.

[표 11-2] 대학진학률

(단위: %)

구 분	고등학교 → 대 학		
연 도	계	남자	여자
1970년	26.9	-	-
1981년	35.3	40.2	28.4
1990년	33.2	33.9	32.4
2000년	68.0	70.4	65.4
2006년	82.1	82.9	81.1

* 출처: 교육인적자원부 · 한국교육개발원(각 연도), 교육통계연보.

따라서 대학교육의 주요 문제점을 객관적이고 정확하게 파악한 후 개선방안을 마련하는 것이 무엇보다 시급하다.

2) 대학교육의 문제점

(1) 대학의 국제경쟁력 저하

국제적으로 공신력을 인정받고 있는 스위스 국제경영개발원(IMD)의 발표에 따르면 대학교육 경쟁력 순위가 높은 국가들의 대부분이 국가경쟁력도 높은 것으로 나타났다([표 11-3, 4] 참조). 고등교육 진학률(81.3%)이나 고등교육 이수율(25~54세 인구 중 대학교육을 이수한 비율, 39.5%) 등이 세계 최고 수준인 것과는 대조적이다.

[표 11-3] 국가경쟁력 순위

국가	미국	홍콩	싱가포르	아이슬란드	덴마크	호주	캐나다	스위스	룩셈부르크	핀란드	일본	대만	중국	한국
순위	1	2	3	4	5	6	7	8	9	10	17	18	19	38
점수	100.0	96.9	91.0	90.2	86.0	82.5	81.7	81.5	81.5	80.9	84.2	73.0	71.6	57.7

* 출처: IMD(2006), World Competitiveness Yearbook.

[표 11-4] 교육분야 경쟁력 순위 국제 비교

국가	핀란드	덴마크	아이슬란드	스웨덴	벨기에	캐나다	이스라엘	노르웨이	스위스	오스트리아	미국	호주	일본	한국
순위	1	2	3	4	5	6	7	8	9	10	11	12	23	42

* 출처: IMD(2006), World Competitiveness Yearbook.

최근 3년간 IMD의 국가경쟁력 순위 자료를 살펴보면 우리나라의 국가경쟁력 순위는 2004년도 35위에서 2006년도 38위로 점점 경쟁력이 떨어지는 것으로 나타났다. 더욱 심각한 것은 대학교육 경쟁력이 2006년도에는 조사대상 61개국 중 50위로 여전히 최하위권에 머물러 있는 점이다.

[표 11-5] 최근 3년간 스위스 국제경영개발원(IMD)의 평가결과

구 분	'04		'05		'06	
	현황	순위	현황	순위	현황	순위
교육제도(경쟁사회의 요구에 부합여부)	3.92	52	4.00	43	4.47	38
대학교육(경쟁사회의 요구에 부합여부)	3.58	59	4.00	52	4.29	50
시민의 경제지식 수준	5.5	24	5.89	18	5.64	22
경제교육(기업의 요구에 부합여부)	4.58	51	4.85	46	4.86	46
언어능력(기업의 요구에 부합여부)	–	–	4.52	38	4.65	35
수준급 엔지니어의 공급여부	5.63	52	6.09	45	4.73	54
기업과 대학 간 지식이전의 충분한 정도	4.04	42	5.08	21	4.55	32
조사대상 국가	60		60		61	
전체 순위	35		29		38	
교육부문 순위	44		40		42	

* 출처: IMD(2006), World Competitiveness Yearbook.

또한 2006년에 미국 시사 주간지 뉴스위크가 발표한 '세계 100대 글로벌 대학' 순위에서도 같은 아시아권인 일본의 경우 교토대가 29위를 차지한 것을 비롯해서 5개 대학이 100위 안에 속한 반면 국내 대학은 단 한 곳도 순위에 올라가지 못했다. 이는 우리의 대학교육이 글로벌 스탠더드에 걸맞은 경쟁력을 갖추지 못하고 있음을 객관적으로 보여주는 예라 할 수 있다.

(2) 수요자의 요구에 부응하지 못하는 대학교육

현재 우리 대학교육은 국가경쟁력의 원동력은커녕 걸림돌이 되고 있다는 비판을 받고 있다. 교육수요자인 산업계와 학생 양쪽에서 불신을 받고 있는 실정이다. 기업에서 필요로 하는 우수한 인재를 배출하지도 못하고, 마찬가지로 학생들에게도 만족스런 교육을 하고 있지 못하다는 것이다. 이러한 사실은 2006년도 스위스 국제경영개발원(IMD)의 '대학교육의 경제사회 요구 부합도' 평가에서 61개국 중 50위로 최하위 평가를 받거나 한국직업능력개발원이 발표한 '대졸 청년층의 대학교육에 대한 만족도'(2005년) 조사결과 5점 만점 중 3.1점밖에 받지 못했다는 발표에서 여실히 확인할 수 있다.

또한 기업을 대상으로 한 「대졸 신입사원 재교육 현황조사」에 따르면 '기업의 신입사원 업무성취도'에 대해 인사담당자들 중 '만족한다'는 응답은 25.9%에 불과하며, 불만족의 이유로 39.4%가 '대학교육이 기업의 인력수요 욕구를 충족하지 못해서'라고 지적하고 있다.

[표 11-6] 신입사원 업무 성취 불만족 이유

(단위: %)

구 분	산 업		규 모		계
	제조업	비제조업	대기업	중소기업	
대학교육이 기업의 인력수요 욕구를 충족시키지 못해서	48.3	11.2	69.2	24.0	39.4
인력선발 과정에서 적절한 인재를 선발하지 못해서	13.8	44.4	0.0	32.0	21.1
사회 전반적인 인력의 질적 저하현상 때문	24.1	22.2	23.1	24.0	23.7
기 타	13.8	22.2	7.7	20.0	15.8
계	100.0	100.0	100.0	100.0	100.0

* 출처: 「대졸 신입사원 재교육 현황조사」, 한국경영자총협회(2005).

(3) 국제적 수준의 교육 및 연구여건 기반 취약

세계의 대학들이 우수 학생 유치를 위해서 국경을 넘어 발 벗고 뛰는 가운데 우리 대학은 대학경쟁력 강화를 위해 국제화가 시급히 이루어져야 한다. 2004년 기준으로 우리나라 전체 고등교육단계에 재학하고 있는 학생 중 외국인 학생의 비율은 0.3%로 호주(19.9%), 캐나다(10.6%)를 비롯하여 아시아권의 일본(2.95)과 비교해 볼 때도 세계 최저 수준이다. 이는 우리나라의 대학교육이 얼마나 폐쇄적이고 세계의 우수 학생들에게 교육의 질을 인정받지 못하고 있는 가를 보여준다. 외국인 유학생을 유치하기 위한 노력이 절실히 필요함을 일깨워 주는 대목이다.

인재가 해외로 빠져나가는 우리의 현실과는 반대로 '세계의 공장'으로 불리며 눈부신 성장을 거듭하고 있는 중국의 경우는, 세계 명문 대학들이 베이징 대학 등의 중국 대학 내에 사무실을 설치하고 있다. 이처럼 학생들을 유치하기 위한 치열한 경쟁을 하는 상황에서 우리도 더이상 대학의 국제화에 대해서 지금처럼 소극적이어서는 안 된다. 경쟁력 있는 교육과정과 운영으로 외국 학생들이 우리의 대학으로 몰려들도록 국제적 수준의 교육과정과 연구기반 환경을 조성하는 데 역점을 두어야 할 것이다.

[표 11-7] OECD 주요국가 고등교육단계 외국인 학생 비율

(단위: %)

구 분	호주	캐나다	핀란드	프랑스	독일	일본	한국	스위스	영국	미국	OECD 평균
외국인 학생 비율	19.9	10.6	2.6	11.0	11.2	2.9	0.3	18.2	16.2	3.4	7.3

* 출처: OECD(2006), Education at a Glance: OECD indicators.

(4) 열악한 기초과학연구 지원 현황

정부의 연구개발(R&D) 예산 및 기초연구 예산 비중은 점진적으로 증가하는 추세이나 기초연구 예산 중 소규모 개인연구 지원사업의 비중은 낮아지고 있는 상태이다. 특히 교육인적자원부에서 대학 중심으로 제공하는 개인·소규모 기초연구 예산은 851억 원으로 전체 기초연구 예산(2조 4,700억 원)의 3%, 정부 R&D 예산(9조 7,629억 원)의 0.9%에 불과하다.

이렇게 미흡한 지원 예산으로 인해 대학 소속 3만여 명의 이공계 연구인력 중 불과 4.4%만이 기초연구비를 지원받고 있으며, 국제적으로도 우리나라 대학의 기초연구비 비율은 40% 이하로 OECD 최하위권에 속한다. 그러나 대학의 기초연구 투자대비 효율은 매우 높은 것으로 나타나는데 기초연구 예산의 28.1%를 지원함에도 불구하고 SCI 논문의 77.4%가 개인 소규모 연구 결과로 발표되고 있어서 앞으로 장기적인 과학기술의 발전을 위한 기초과학의 중요성을 감안할 때 예산 지원 확대가 무엇보다 필요하다.

(5) 전문대학의 평생·직업교육기관으로서의 위상 미흡

그동안 전문대학은 1960년대 이후 산업화 시대에 산업현장에서 필요로 하는 인력을 양성하고 공급하여 경제발전에 큰 기여를 해왔다. 2006년 기준으로 152개 전문대학 학생 수가 대학정원의 41.5%를 차지할 정도로 현재에는 전문대학의 비중이 높다.

[표 11-8] 전문대학 수 및 학생 수 변화 추이

구 분		1990년	1995년	2000년	2006년
학교 수	전문대학	117	145	158	152
	대 학	107	131	161	175
학생 수 (입학정원)	전문대학	130,520	215,470	294,175	247,604
	대 학	196,550	250,230	314,410	321,107

* 출처: 교육인적자원부 · 한국교육개발원(각 연도), 교육통계연보.

그러나 지식정보사회로의 진입과 급격한 산업구조의 변화에 따라 기존의 전문대학의 교육으로는 산업계가 원하는 인재를 배출하지 못하고 있는 실정이다. 또한 4년제 대학이 특성화의 방안으로 전문대학에 개설되어 있는 학과와 유사한 학과를 중복해서 개설하면서 4년제 대학과의 경쟁에서도 밀리고 있는 상태이다. 한마디로 전문대학은 그 위상이 크게 흔들리고 존재의 위기의식이 팽배해지면서 중대한 역할 변화가 요구되고 있다.

[표 11-9] 전문대학 연도별 학생 미충원율

연 도	미충원율	미충원 학생 수
2002년	7.8%	22,858명
2003년	17.6%	50,353명
2004년	18.7%	51,840명
2005년	17.7%	469,78명

* 출처: 이군현 의원실, 교육인적자원부 제출자료.

(6) 미흡한 고등교육 재정 지원

우리나라의 교육재정 규모는 OECD 국가들과 비교했을 때 매우 열악하다. 특히 고등교육에 대한 정부의 투자가 낮은데, 2003년의 경우 GDP대비 공공재원의 고등교육 투자비율은 0.6%로 OECD 평균 1.1%의 절반 수준에 그쳤다. 이 같은 고등교육부문에 대한 낮은 투자는 결국 대학교육의 경쟁력 저하로 이어질 가능성이 높다. 또한 정부의 고등교육 재정 배분이 부처별로 분산되어 있어서 이에 따른 중복투자로 인한 비효율성이 초래된다는 문제점도 지적되고 있다.

[표 11-10] GDP대비 고등교육기관 교육비 비율(공공재원 부문)

(단위: %)

	미국	영국	일본	독일	프랑스	이탈리아	한국	OECD 평균
2000년	0.9	0.7	0.5	1.0	1.0	0.7	0.6	1.0
2001년	0.9	0.8	0.5	1.0	1.0	0.8	0.4	1.0
2002년	1.2	0.8	0.4	1.0	1.0	0.8	0.3	1.1
2003년	1.2	0.8	0.5	1.0	1.1	0.7	0.6	1.1

* 출처: Education at a Glance(OECD), 각 연도.

2. 대학경쟁력 강화방안

앞에서 지적한 대학교육의 문제점들을 해결하고 대학경쟁력을 높이기 위해 강조할 큰 원칙은 자율화, 특성화, 국제화이다.

정부의 지나친 간섭을 배제하고 대학에 자율성을 확대하면서 대학 간 경쟁을 통해 특성화된 핵심역량으로 세계적인 경쟁력을 갖춘 대학을 육성하자는 것이다. 그와 동시에 글로벌 스탠더드를 선도할 수 있는 대학의 국제화가 이루어져야 할 것이다. 이를 기준으로 몇 가지 구체적인 대학경쟁력 강화방안을 제시하면 다음과 같다.

1) 부실한 국 · 공립대학 수의 점진적 감축

경쟁력이 없는 부실한 국 · 공립대학의 수를 통 · 폐합을 통해 점진적으로 줄여나가고, 이를 통해 경쟁력을 갖춘 대학을 위한 예산이 공정한 평가를 통해 차등적으로 제공되도록 해야 한다. 또한 자율성 확대 측면에서 국립대학에 적정 수준의 등록금 징수, 자금조성 등에 대해 보다 많은 자율권을 부여하여 국립대학을 보다 경쟁력 있게 만들어야 한다. 그 밖에 대학원 교육을 위한 예산을 충당하기 위해 국립대학들이 보다 강도 높은 경쟁을 통하여 연구 예산을 획득하도록 하는 방안도 마련되어야 한다.

이렇게 국립대학 간의 통 · 폐합과 경쟁, 성과에 따른 예산 지원을 통해 우리도 경쟁력과 잠재력 있는 대학을 세계적인 수준의 이공계 연구중심대학으로 발돋움할 수 있도록 집중적으로 육성할 필요가 있다. 미국의 경우 300여 개의 공대중심대학이 있지만 그중 3%에 해당하는 약 10개 대학만이 수준 높은 연구중심대학에 속한다.

참고로 국립대학 통 · 폐합 사업과 관련하여 2007년 6월, 교육인적자원부는 대학이 제출한 특성화 계획, 통합계획의 타당성 등을 심사하여 승인여부를 결정하고, '2007년까지 통합이 이루어진 대학까지만(2008. 3. 1자 통합) 재정 지원이 확정되어 있다고 발표하면서 국립대학의 통·폐합을 적극적으로 유도하고 있다.

2) 교수 영년직 제도 도입

국내의 연구대학들은 연구대학에 적합한 성과기반의 인사정책이 부족한 실정이다. 따라서 선진국형 '교수 영년직(Tenure · 정년보장) 제도'를 도입하여 실력 있는 교수는 일찍 정년을 보장해 주어 안정적으로 연구에 전념할 수 있도록 하는 한편, 노력하지 않는 교수는 엄격한 평가를 통해 자연스럽게 퇴출되도록 유도해야 할 것이다.

이러한 '교수 영년직 제도'를 통해 실력 없는 교수는 교단에 설 수 없고, 실력 있는 우수한 교수들만이 인정을 받아 연구와 제자양성에 전념할 수 있는 분위기가 확산된다면 우리의 대학경쟁력은 자연스럽게 높아질 것이다. 한 예로 한국과학기술원(KAIST)은 2007년 이후 임용된 교수를 대상으로 임용 8년 이내에 영년직 교수를 신청하여 세계적인 연구성과를 낸 교수는 정년을 보장해 주고 기준에 미달한 교수는 재계약을 금지하는 영년직 제도를 도입하여 대학개혁의 새로운 모델로 주목받고 있다.

[표 11-11] 카이스트 영년직 제도 개선내용

구분	구제도 (2006. 12. 31. 이전 임용 교원 적용)	신제도 (2007. 1. 1. 이후 임용 교원 적용)
대상	과학기술원 정교수	과학기술원 교원(정교수, 부교수, 조교수)
지원 가능 시기	정교수로서 7년 이상 근속 후 지원 가능	• 신규임용 시 또는 임용 후 8년 이내 지원 가능(단, 여성 교원의 경우 육아, 출산의 사유가 있을 경우 10년 이내) • 교원이 심사시기 자유롭게 선택
영년직 탈락 시	• 재계약 진행 • 차기심사는 1년 경과 이후 신청 가능	교원이 계약 기간 중 영년직 심사에 탈락할 경우 인사규정에 의거 임용 계약기간 만료와 함께 자동 면직 처리
비고	2006. 12. 31. 이전 임용 교원도 신제도 지원 가능	

* 출처: 카이스트(KAIST).

3) 대학 법인화와 총장직선제 폐지

그동안 총장직선제는 정치권으로부터 대학의 독립성 보호, 재단의 독단적인 운영에 대한 견제수단 등 상당부분 긍정적인 기여를 했다. 그러나 이제는 대학교육의 경쟁력을 최우선의 가치로 놓고 경쟁시대의 최전선에 서서 대학을 이끌어갈 총장의 선출방식도 그에 맞추어 바뀌야 할 시기가 되었다.

해마다 총장 선출을 둘러싸고 벌어지는 교수들 간의 파벌 형성과 갈등으로 대학은 반목과 분열의 심각한 고통을 겪고 있으며 선거 후에도 논공행상식의 보직임용 등 각종 잡음과 후유증으로 학내분규가 발생하는 심각한 폐단을 지적하며 총장직선제 폐지를 주장하는 목소리가 점점 높아졌다.

이에 따라, 이제 대학 민주화를 이유로 총장직선제만을 고집할 것이 아니라 정부로부터 독립적인 이사회 중심으로 총장추천위원회를 구성하여 최고경영자(CEO), 동문, 세계적 수준의 학자, 정부 추천인사 등을 대상으로 대학의 경쟁력을 높이기 위해 급속히 변하는 경쟁 환경에 대처하면서 대학의 개혁을 추진할 수 있는 능력을 가진 총장을 선출할 수 있도록 해야 할 것이다.

4) 학부교육중심 대학과 연구중심 대학 각각의 육성 정책 필요

현재는 대학평가의 기준이 지나치게 연구논문실적 중심이어서 교육중심의 대학이 적절한 평가와 지원을 받으며 발전하기 어려운 실정이다. 전국의 200여 개의 모든 대학이 학자 배출을 목적으로 설립되고 운영되는 것은 아니므로 연구성과에 치중된 평가는 지양되어야 하고, 학부교육중심 대학과 연구중심 대학을 별도로 구분해서 각각에 맞는 육성 정책을 펼쳐나가야 한다. 예를 들면, 연구중심 대학인 서울대학교와 실무능력을 갖춘 학부 졸업생들을 배출하면서 주목받고 있는 교육중심의 한동대학교의 경우에는 평가기준과 육성 정책이 엄연히 달라야 할 것이다.

한편, 학부교육에 있어서 실력 있는 졸업생의 양성과 산업체의 고급인력 수요를 만족시키기 위해서는 공학인증제도와 같은 인증제도의 확대와 엄격한 교과과정에 대한 평가가 필요하다. 공학인증제도는 공과대학의 교육과정이 국제기준에 맞는지, 수요자(산업체, 학생)중심·실무중심의 전공교육이 강화되어 있는지 평가하여 인증하는 제도이다. 대기업 입사지원 시 가산점으로 반영되면서 대학과 학생들에게 큰 호응을 얻고 있고, 2007년 현재 25개 대학의 182개 프로그램이

인증을 받은 상태이다. 앞으로 국제적인 기준에 맞는 인증제도로 발전시켜 우수인력 양성을 배출하는 교육기반이 구축되어야 할 것이다.

또한 기존의 연구중심의 대학평가에 있어서는 논문의 수보다 논문의 주제 및 결과의 중요성에 보다 많은 가치를 부여하는 성과기반 시스템을 구축하고 활성화하는 것이 필요하다. SCI급 논문 수 및 논문순위는 18위(1998년)에서 16위(2000년), 12위(2005년)로 꾸준히 상승하고 있지만 세계적인 수준의 연구중심 대학은 거의 전무하다는 사실이 그 필요성을 뒷받침하고 있다.

5) 기초과학연구 예산 지원 확대

앞서 지적한 바와 같이 대학 이공계 기초과학 연구자 3만 명의 4.4%만이 기초연구비 지원을 받는 저조한 지원규모에서 1/3(1만 명) 수준까지 연구비 지원이 확대되도록 하는 것이 필요하다. 그리고 단기간의 연구기간으로 기초연구 신청과 지원을 받은 것에서 벗어나 보다 적극적으로 중·장기적 안목을 가지고 잠재 연구기반인력을 발굴하고 예산을 투자하는 패러다임의 전환이 필요하다. 이러한 적극적인 지원으로 기초과학의 기반인력망이 구축되고 창의적인 연구 환경이 일정수준까지 확대된다면 기초과학은 미래응용과학기술의 원동력으로서 국가발전에 보다 큰 기여를 하게 될 것이다.

6) 평생직업교육기관의 중심축으로서의 전문대학 육성

기존의 고등직업교육체제를 전문대학을 중심으로 재편하면서 경쟁력을 갖추지 못하고 난립되어 있는 전문대학은 자율성을 주어 경쟁을 통해 스스로 철저한 구조개혁을 거쳐 특성화의 기반을 마련할 수 있도록 집중과 선택의 원칙하에 재정 지원을 해주는 것이 바람직하다. 앞에서 또한 이미 지적했듯이 4년제 대학교와의 학과 중복문제는 전문대학이 교육혁신프로그램을 개발, 보급하여 4년제 대학과 차별화된 교육과정을 편성 · 운영하도록 하고, 철저하게 산업수요와 직결된 특성화 인력양성체제를 구축하여 경쟁력을 갖도록 해야 한다.

그리고 전문대학 교육 대상자의 확대 차원으로 전문대졸업 근로자에 대한 재교육 및 보수교육 기회를 확대하고, 특별히 산업체 근로자를 위한 비학위 단기과정과 학사학위 수여과정을 운영할 수 있도록 하여 열린 평생직업교육기관으로서의 전문대학의 위상을 확고히 정립해야 한다.

7) 재정 지원의 확대 및 기부문화 활성화

현재는 교육재정 지원이 TOP-DOWN 방식으로 기획예산처에서 각 부처에 총액으로 배분되고 있다. 초 · 중등 교육재정의 경우는 내국세의 20%를 초 · 중등교육을 위해 지원하도록 하고 있기 때문에 안정적이지만, 고등교육 예산은 매년 변동적이고 그 규모도 앞서 지적했듯이 OECD 국가의 절반 수준에 불과해 열악한 실정이다. 충분한 고등교육 재정의 확보 없는 대학의 경쟁력 제고방안은 그 실효성을 담보할 수 없기 때문에 대학에 대한 안정적 재정 지원을 위한 대책이 필요하다. 또한 기업 및 시민 · 사회단체의 기부가 대학재정 확보로 연결될 수 있도록 대학의 기부금 기부 시 손비 처리 등의 세제 혜택을 주는 방안이나 정치후원금 제도와 같이, 예를 들면 10만 원 이하의 대학기부금에 대해서는 세액공제 혜택을 주어 대학에 대한 소액기부문화를 활성화시키는 방안도 검토해 볼 수 있다.

참고문헌

교육인적자원부 · 한국교육개발원(2006), 교육통계연보.

서남표(2007). '한국의 교육시스템에 관한 문제점(Issues Related to the Educational System in Korea)'. 미발표 원고.

이군현 의원실(2007). 한국공학인증원 제출자료.

이군현 의원실(2007). 카이스트(KAIST), '카이스트 영년직 제도 개선'.

채창균 외(2005). 대졸 청년층의 대학교육 만족도. 한국직업능력개발원 기본연구보고서. 05-04-1.

한국경영자총협회(2005). 「대졸 신입사원 재교육 현황조사」.

IMD. (2004, 2005, 2006). World Competitiveness Yearbook.

OECD. (2006). Education at a Glance: OECD indicators.

www.thes.co.uk

제 4 부

행정적 지원 체제가 뒷받침되는 교육

제12장 남부럽지 않은 우리 학교

교육의 질적 수준 향상은 국가경쟁력 강화를 위한 초석이다. 교육의 질적인 수준을 높이는 데에는 교육의 투입, 과정, 산출 그리고 교육상황 등 여러 측면이 관련되어 있다. 그동안 정부에서는 제반 교육의 조건과 학교환경을 개선하기 위한 노력을 기울이는 동시에 교육과정 운영을 비롯하여 학교경영 방식, 학교풍토의 변화 등 전반적인 교육시스템과 운영 개선을 위해 노력해 왔다. 그리하여 학업성취도 향상과 학교적응, 진학 등에 상당한 진전이 있었고, 또 제반 교육 내·외적인 상황 또한 많이 개선되었다.

그럼에도 불구하고 아직도 적절한 교육의 투입과 과정을 거쳐 학생들의 학업성취를 끌어올리기 위한 프로그램은 제대로 개발, 제공되고 있지 못하다. 앞으로 학생들의 학업성취 수준을 끌어올리기 위해, 특히 학력이 뒤처지는 학생의 학력 수준을 높이는 방안을 강구하여 실천하는 것이 절실히 요구된다.

1. 교육격차의 현황 및 실태

1) 학력격차 현황

그동안 학력격차가 심각한 교육문제로 제기되어 왔다. 이러한 학력격차는 이제 전국적인 현상인 것 같다.

PISA 2000년도의 읽기 성적을 보면 우리나라 조사 대상학교 150개교 중에서 최상위권 학교와 최하위권 학교 간의 평균점수차가 무려 200점 이상 나타나고 있다(서정화 외, 2005). 인문계 학교만을 비교해 보아도 150점의 격차가 있다.

2001년에 치러진 전국 규모의 국가수준 학업성취도 평가 결과에 따르면 조사 대상 175개 고등학교 중 최상위 10%에 속하는 학생이 한 명도 없는 학교가 전체 대상학교 중에서 39.4%에 달했고, 10% 미만인 학교는 27.4%, 10% 이상인 학교가 16.6%로 나타났다. 특히 전체 학생의 절반 이상이 상위 10%에 속하는 학교는 6.3%로 나타났다.

여기서 상위학생이 많은 학교는 대부분 특목고나 비평준화 일반계 고등학교이고, 최상위 10%에 해당하는 학생이 한 명도 없는 학교는 대부분 실업계 고등학교나 중 · 소도시 및 읍 · 면지역의 비평준화고로 나타났다.

이러한 학력격차 현상은 특히 지역 간 격차가 큰 것으로 드러났다. 한국교육개발원에서 2006년에 150개 일반계 고등학교를 대상으로 조사한 학업능력검사 결과 보고서에 따르면 도시와 농촌 사이의 학력격차가 큰 것으로 나타났다. 읽기능력에서는 광역시 고교보다 읍 · 면지역 고교 평균 원점수가 18.3점이 낮았고, 수학능력에서는 18.1점, 과학의 경우는 13.1점이 낮은 것으로 드러났다.

[표 12-1] 지역별, 학교급별 학업 능력

구 분		2006년					
		사례 수	중앙값	평균	표준편차	범위	F
전 체		128	60.15	57.49	10.85	56.51	
지역 규모	서 울	15	60.08	58.03	7.64	30.15	38.222 ※
	광 역 시	33	62.94	63.18	6.16	23.41	
	중・소도시	45	61.18	60.90	9.68	48.23	
	읍・면지역	35	45.02	44.80	8.90	38.99	
설립 유형	공 립	67	58.07	56.22	10.72	51.23	1.762
	사 립	61	61.03	58.75	10.91	50.68	

※ $P<0.01$
* 출처: 한국교육개발원(2006). 학교교육 수준 및 실태 분석연구(II): 일반계 고등학교.

또한 지역 간의 학력격차 못지않게 각 지역 내에 소재한 학교별 학력격차도 명확히 나타나고 있다. 이는 학력격차의 문제가 교육현장에서 상당히 보편화된 문제점이라는 것을 알 수 있다. 또 각 학교급별 기초 수준 이하의 학생 비중이 점차 증가하고 있는 추세이다. 특히, 학년이 높아질수록 기초학력 미달 비중이 증가해서 저학력이 악순환되는 경향이 있다.

2) 교육 여건의 격차 현황

전국의 초등학교, 중학교, 고등학교의 교원 1인당 학생 수 및 학급당 학생 수를 비교해 보면 각 시・도 간에 차이가 있다. 대체로 서울과 광역시의 학교에서는 교원 1인당 학생 수와 학급당 학생 수 비율이 높게 나타나는 반면, 도지역에는 상대적으로 낮게 나타나고 있다. 따라서 대도시 지역 각급 학교의 교육 여건이 열악한 것을 알 수 있다. 즉, 교육 여건이 개선되고 있으나 아직도 열악한 상태에 있다는 것이다(한국교총, 2005).

그동안 추진한 교육 여건 개선사업으로 학급당 학생 수 및 교사 1인당 학생 수 등 학습환경이 점차 개선되고 있지만, 아직도 국제적 수준과 비교할 때는 열악한 실정이다([표 12-2, 3] 참조).

2004년 기준으로 우리 학급당 학생 수는 초등학교 32.9명, 중학교 35.1명으로 OECD 회원국의 평균 초등학교 학급당 학생 수(21.4명)나 중학교 학급당 학생 수(24.1명)와 비교해 보면 가장 열악한 수준이다. 그동안 '7.20 교육 여건 개선사업' 등으로 학급당 학생 수 감축을 위해 노력하였으나 여전히 OECD 회원국들과 큰 격차를 보이고 있다.

[표 12-2] 연도별, 학교급별 학급당 학생 수

(단위: 명)

구분	유치원	초등학교	중학교	일반계 고교	실업계 고교
2000	26.3	35.8	38.0	44.1	40.3
2001	25.8	35.6	37.3	41.6	36.4
2002	25.5	34.9	36.7	34.7	32.2
2003	25.0	33.9	34.8	34.1	31.0
2004	24.6	32.9	35.1	33.8	30.2
2005	24.2	31.8	35.3	33.9	30.0

* 학급당 학생 수 = 재적학생 수 / 학급 수

* 출처: 교육인적자원부 · 한국교육개발원(2006). 2006 교육통계분석자료집, p. 55.

[표 12-3] OECD 국가의 평균 학급당 학생 수(2004)

(단위: 명)

구 분	한 국	일 본	프랑스	독 일	미 국	이탈리아	OECD 평균
초등학교	33.6	28.6	–	22.1	23.1	18.4	21.4
중 학 교	35.5	33.8	24.1	24.7	24.3	20.9	24.1

* 출처: OECD(2006). Education at a Glance: OECD Indicators; 교육인적자원부 · 한국교육개발원(2006). OECD 교육지표. p.151.

교원 1인당 학생 수 역시 우리나라(유치원 20.8명, 초등학교 29.1명, 중학교 20.4명, 고등학교 15.9명)의 경우 OECD 회원국 평균(유치원 14.8명, 초등학교 16.9명, 중학교 13.7명, 고등학교 12.7명)보다 높은 수준으로 나타났으나 그래도 2002년에 비하면 감소한 수치이다.

과밀학급의 상존과 학급당 학생 수의 과다로 교수-학습활동의 질적 저하, 교수부담의 과중, 학급경영 및 학생지도 부실을 초래할 수밖에 없는 상황이다.

[표 12-4] 학교급별 과밀학급 현황

(단위: 개, %)

구 분	전체 학급 수	과밀학급 수	비율(%)
초 등 학 교	126,326	49,386	39.1
중 학 교	56,968	32,794	57.6
일반계 고교	37,141	13,450	36.2
실업계 고교	16,783	1,425	8.5

* 주: 과밀학급은 학급당 학생 수 36명 이상인 학급임.
* 출처: 교육인적자원부 · 한국교육개발원(2005). 시도별 초 · 중등 교육지표.

2. 교육격차 해소 방향 및 개선방안

학교격차에는 지역사회와 학부모의 수준 및 교육 정책 등의 배경변인이 영향을 미치게 된다. 교육격차를 해소하기 위해서는 기본적으로 지역 간 · 학교 간 교육 여건을 균등화하는 교육 정책이 추진되어야 한다. 그리고 보다 적극적으로 교육 취약지역에 보상적 차원의 교육 정책이 추진되어야 한다.

먼저, 교육 여건 · 환경의 균등화를 위한 교육 정책의 추진이 필요하다. 지역 간 · 학교 간 교육격차를 해소하기 위해서는 기본적으로 교원과 학교 시설 등의 교육 여건 · 환경이 지역 간 · 학교 간에 균등화되어야 한다. 이를 위해서는 교육 여건이 열악한 지역이나 취약지역에 위치한 학교를 교육 여건이 양호한 지역과 동일한 수준으로 개선하는 균형화 정책이 우선적으로 추진되어야 한다.

그리고 교육 취약계층에 보상적 차원의 교육 정책 추진이 필요하다. 교육격차는 학교요인 외에도 가정배경과 지역사회의 영향 등에 의해 유발되므로 지역 간 · 학교 간 교육 여건을 균등화하는 교육 정책의 추진만으로는 교육격차가 만족스럽게 해소되기가 어렵다. 따라서 교육 취약계층의 열악한 가정배경 및 사회적 요인을 극복할 수 있도록 교육 부문에서도 보상적 차원에서 미국의 Title 1이나, 영국의 EAZ, 프랑스의 ZEP처럼 보다 적극적인 교육 정책(positive discrimination policy, affirmative action)이 필요하다.

교육격차와 관련되어서 앞으로 영향을 미칠 제도상의 큰 변화를 언급한다면 그것은 2007년 4월 30일, 국회에서 통과된 '교육관련 기관의 정보공개에 관한 특례법'으로서 이 법에 따르면 2008년부터 초·중·고등학교의 경우 학생들의 학력뿐만 아니라 급식, 보건, 폭력, 교사, 교육과정 등의 학교정보를 공시해야 하며, 대학은 취업률, 충원율, 연구성과 등을 공시해야 한다. 이에 따라서 그동안 파악하기 힘들었던 교육격차의 현실을 보다 명확히 확인할 수 있고, 학교교육 실태에 관한 정보가 학생과 학부모를 포함한 국민들에게 보다 쉽게 공개될 예정이다. 또한 2007년 4월 27일 서울고등법원이 이미 만연한 입시경쟁과 공교육 파행, 사교육 의존 등의 현실을 개선해 교육을 정상화하기 위해서라도 교육 상황에 대한 정확한 자료를 국민과 전문가들에게 공개할 필요성이 큼을 이유로 "수능성적 원데이터와 국가수준의 학업성취도 평가 결과를 공개하라"는 판결을 내렸는데 학력격차 파악과 그에 대한 개선을 위해서도 학력정보는 공개되는 것이 필요하다.

1) 국가단위의 주기적인 학업성취도 평가

교육격차를 해소하기 위해서는 지역 간, 학교 간, 개인 간 교육격차를 확인하는 작업부터 시작해야 한다. 교육격차를 확인하기 위해서는 초·중등학생을 대상으로 한 학업성취도 평가를 주기적으로 실시하고, 이를 포함하여 학교교육 실태에 관한 평가가 이루어져야 한다.

2) 교육기관의 지역 간 균형 배치 및 지역 형편에 맞는 통·폐합 추진

유치원, 초·중·고등학교, 공공도서관 등을 지역 간에 균형 배치할 필요가 있다. 교육기관은 지역별로 학생 수요에 따라 적정 수준으로 설치하는 것이 바람직하지만 학생수급을 고려하여 교육기관을 설치하기는 곤란하다고 볼 때, 근거리 통학이 가능한 범위 내의 인근 구역에서라도 적정한 교육기관이 설치되도록 해야 할 것이다. 이와 관련하여 학교용지의 확보가 곤란한 지역에서는 체육장을 두지 않는 소규모 학교의 설립을 적극적으로 추진하도록 한다. 또한 획일적 방식이 아니라 지역 형편에 맞는 학교 통·폐합을 추진해야 할 것이다.

3) 지역 간 학교시설 및 교원의 격차 해소

지역 간 학교시설격차를 해소하기 위해 특별교실(과학실, 미술실, 음악실, 어학실, 컴퓨터실 등)을 집중 확보하도록 한다. 이 외에도 학교별로 강당이나 체육관을 최소 1개씩은 확보하도록 하고, 교사연구실 및 휴게실 등 교원 편의시설을 집중 설치한다. 특히, 교육 낙후지역의 학교시설을 교육 양호지역의 학교시설보다 우선하여 현대화하도록 한다.

그리고 취약지역에 근무하는 교원에 대해 별도의 유인책(수당, 인사 고려 등)을 강구할 필요가 있다. 특히, 교육 낙후지역에 우수 교원을 우선 배치하고, 그곳에 근무하는 교원에 대해서는 특수지 근무 교원에 준하여 가산점을 부여하거나 별도의 수당을 지급하는 등의 유인책을 강화해야 한다.

소규모 학교가 많은 농어촌 지역의 고등학교에서는 학교별 교원 수가 절대적으로 적어 교육과정 선택 운영 등이 곤란하므로, 이처럼 학교규모가 영세한 지역의 고등학교에 대해서는 선택과정이 원활히 운영될 수 있도록 교원을 증원·배치할 필요가 있다.

4) 학교 주변환경의 정화

학교보건법에서는 학교의 보건·위생 및 학습 환경을 보호하기 위하여 학교환경위생정화구역을 설정하고, 정화구역 안에서의 교육적으로 유해한 행위 및 시설을 금지하고 있다. 그러나 정화구역이 잘 지켜지지 않아 학교 주변에 윤락시설, 유흥시설 등이 밀집한 경우도 있다. 이러한 현상은 신도시로 개발된 지역보다는 구 도심지역에서 많이 나타나고 있다.

학교 주변환경의 열악성은 학생들에게 좋지 못한 영향을 미칠 뿐 아니라, 해당 지역의 교육 여건에 대해서도 나쁜 이미지를 형성한다. 학교 주변환경을 정화하기 위해서는 기본적으로 학교보건법에서 규정한 학교환경위생정화구역을 철저히 준수하도록 해야 한다.

5) 교육 취약계층을 위한 보상적 차원의 교육 정책 추진

저소득층 밀집지역의 학교와 저소득층 자녀를 대상으로 우선 지원 대상 학생 및 학교를 선정하여 저소득층 학생들에게 희망을 주는 보상적 차원의 교육 정책이 필요하다. 교육격차 해소를 위한 우선 지원 대상에 대한 보상교육은 유치원 등의 취학 전 교육비 지원, 방과 후 교육 프로그램 지원 등이 있다. 이와 관련하여 정부가 현재 대도시 지역 중 교육·문화적 조건이 상대적으로 열악한 지역을 대상으로 교육·

문화·복지 서비스의 질을 개선하기 위해 지정하고 있는 교육복지 투자우선지역을 대폭 확대하는 것도 필요하다. 이를 위해 교육복지 투자우선지역을 확대하거나 투자사업을 확대하는 방식으로 추진할 수 있을 것이다.

교육격차 해소를 위한 우선 지원 대상학교에 우수 교원을 우선 배치하고, 인사 및 보수 측면에서 보상이 가능하도록 해야 한다. 교육 취약지역의 학교 이미지를 개선하고, 교육 수준을 제고하기 위한 취지로 자립형 사립 고등학교, 특수목적 고등학교 등과 같은 우수 학교를 우선적으로 설립하는 방안을 검토해야 한다. 또한, 도·농 간의 정보 격차 해소를 위한 별도의 방안을 강구하여 추진하도록 한다.

6) 교육격차 해소를 위한 학교경영 시스템 개선

학교의 질적 수준 향상을 위해 책무성이 강조되어야 한다. 이를 위해서는 단위학교 운영의 자율화가 선행되어야 한다. 단위학교의 자율적 운영을 보장하기 위해서는 교육과정 편성·운영, 교과서의 사용, 교원 임용, 학생 선발 등의 자율권이 확대되어야 할 것이다. 그래서 궁극적으로는 학교교육에 관한 모든 사항을 학교가 전적으로 책임지고 운영하는 단위학교 책임경영제로 발전시켜 나가야 한다.

학교의 책무성을 강화하기 위해 학교 평가를 실시하고 있는데, 학교 평가에는 학생의 학업성취 수준을 포함한 학생 평가, 교원 업무수행 능력 및 업적에 대한 교원 평가, 학교경영 실적을 포함한 학교경영 평가 등이 전반적으로 포함되어야 한다. 현행 학교 평가에서는 학생

평가의 핵심인 학력 평가가 포함되지 않고 있다는 점에서 이의 보완이 시급하고, 학교경영에 관한 평가도 강화되어야 할 것이다.

학교의 책무성을 확인 · 검증하기 위해서 학교별 학업성취 수준 및 연차별 향상 등을 기준으로 우수 학교에 대해서는 여러 차원의 격려방안을 강화하고, 기준에 도달하지 못한 학교에 대해서는 개선계획을 수립하여 기준에 도달토록 유도하는 동시에, 일정기간이 지나도 개선이 안 되는 경우에는 교육청 주도의 관리경영을 검토하도록 한다.

참고문헌

김성인(2001). 대입전형제도의 문제점 분석 및 개선방안. 교육개발, 1 · 2호.

서울시교육청(2003). 서울시 자치구의 교육 및 문화시설 현황.

서정화 외(2005). '교육격차 해소를 위한 법률' 제정방안. 미 출판물.

양정호(2005). 한국의 사교육비 추세에 대한 종단분석. 교육개혁포럼 월례 발표자료.

이주호(2004). 2004년 국정감사: 학력격차의 실상과 대안.

중앙교육진흥연구소(2003). 학부성적과 대학입시의 관계에 관한 연구.

하늘교육(2004). 2005학년도 서울 특목고 합격자 조사결과 보도자료.

한국교육개발원(2006). 학교교육 수준 및 실태 분석연구(Ⅱ): 일반계 고등학교.

한국교육과정평가원(2004). 2003년 국가수준 학업성취도 평가 연구(총론).

OECD. (2006). Education at a Glance: OECD indicators.

제13장 현장 우선의 교육지원 체제

1. 지방교육행정 체제의 환경변화 및 문제점

지방교육행정 체제의 주변환경은 다음과 같이 변하고 있다(임연기 외, 2005). i) 세계화의 경향은 지역단위의 국제협력활동을 특화하여 해당지역의 고유한 교육모델을 요구하고 있으며, 다원화 · 지역화되어 가는 현 상황 속에서 지방교육행정 체제는 권위주의적 행정으로부터 탈피하여 자율성을 강화해 가고 있다(Crossley & Watson, 2003). ii) 단위학교 중심의 책임경영에 중점을 두어 개별학교의 자율성과 책무성을 강화하기 위한 효과적인 지원 체제를 구축하는 방향으로 전환하고 있다. iii) 학부모와 지역사회 인사 등 민간 교육주체들이 자신들의 행정참여를 보장하는 교육행정 체제를 요구하고 있으며, iv) 지방교육 발전의 주도 · 지원 체제로서 지방교육행정 체제의 교육적 적합성을 제고하기 위해 노력하고 있다(임연기 외, 2005). 이러한 일련의 변화 경향은 지방교육행정기관, 단위학교 조직과 운영 체제를 지식기반사회로의 환경변화와 지역 인적자원 개발 강화에 부합시킴으로써 전략적 혁신을 추구하기 위한 노력이라고 할 수 있다.

현행 교육행정 체제의 문제점으로는 첫째, 형식상으로는 지방교육자치를 실시하고 있으나 실질적으로는 대부분의 행정권한이 중앙정부에 집중되어 있기 때문에 지방 실정에 맞는 교육행정 구현의 한계가 있다는 것이다. 둘째, 교육행정의 발전은 궁극적으로 단위학교의 교육활동을 지원 · 조정하는 데서 출발해야 하는데 행정우위, 행정편의적 행정행태는 단위학교의 교육력을 약화시키는 원인이 되고 있다. 셋째, 현행 교육행정 체제는 전통적인 관리 · 통제위주의 교육행정으로 학생과 학부모가 만족하는 양질의 교육을 담보하는 데 한계가 있다는 지적을 받고 있다.

사교육의 팽창, 조기유학 증가, 학급붕괴론 등 학교교육의 위기가 심각하다는 우려의 목소리가 높으며, 또한 학부모들은 학교에서 학생들을 열성적으로 지도하지 않아 학생 개개인의 다양한 교육요구를 충족시켜 주지 못하고 있다는 불만을 가지고 있다(임연기 · 박삼철, 2005). 이와 같이 공교육의 위기는 심각한 수준에 있는 바, 이러한 위기의식을 토대로 교육행정 체제의 부적합성, 비효율성과 타율성에 대한 반성이 필요하게 된다.

1990년대 초부터 본격적으로 지방분권에 대한 논의와 더불어 실제로 정치, 행정, 교육 분야 등 사회전반에 걸쳐 제도적인 변화가 일어나고 있다. 1991년 이래로 주민 직선에 의한 지방자치단체장의 선출과 지방의회의 구성, 지방의회 의원에 의한 교육감 및 교육위원의 선출은 그동안의 중앙집권적인 행정제도에서 지방분권적인 제도로의 커다란 변화를 가져왔다. 그리고 제6차와 제7차 교육과정의 도입 · 실시과정에서 '교육과정의 지역화'와 '지역의 특성과 단위학교의 요구'를 반영하는 단위학교 중심의 교육과정의 편성과 운영은 교육행정의 중심축을 중앙에서 지방 혹은 단위학교로 이동하는 결과를 가져오고 있다. 최근에는 교육자치제도와 관련하여 교육감 및 교육위원의 선출을 주민 직선으로 하는 등 지방교육자치법 개정안이 국회 본회의를 통과하여 지방교육자치제도의 구조와 운영에 변화가 있을 것으로 예상된다.

지방자치제와 교육자치제의 실시는 그동안의 '교육과 국가발전'에서 '교육과 지방발전'이라는 패러다임의 변화가 일어나고 있으며, 이와 같은 교육행정 체제의 변화는 교육활동에 있어서 지역단위에서의 합리적인 계획수립과 이의 실천이 요구된다고 할 수 있다. 지방교육행정 체제는 지역단위에서 지역 여건의 실정과 특수성을 고려하고, 지역주민과 학부모의 교육적 요구를 충분히 반영하여 이루어질 때 그 과정과 실행측면에서 관련 집단의 만족과 효과를 얻을 수 있을 것이다.

2. 지방교육행정 체제의 개편 방향

변화하는 국내외 환경 속에서 국가발전을 위한 교육개혁이 제대로 추진되기 위해서는 학교교육과 사회 · 평생교육을 포함한 전 교육 체제를 지원 · 운영하는 지원 체제가 정비 · 확립되어야 할 것이다. 학교교육의 목표를 효과적으로 달성하기 위해 지방교육지원 체제가 개선되어야 할 방향으로 ⅰ) 교육행정 체제의 분권화, ⅱ) 교육요원의 전문화, ⅲ) 단위학교 경영의 자율화, ⅳ) 안정적 교육 재정의 확보와 운영의 합리화 등을 들 수 있다.

1) 교육행정 체제의 분권화

지역발전과 단위학교 교육의 활성화를 위해서 지방교육행정 체제는 조직과 기능면에서 학교교육 지원 시스템으로 변화되어야 할 것이다. 교단 중심, 단위학교 중심의 학교 운영을 위해 상부기관에서 많은 권한의 하부기관 및 일선학교로의 이양과 기능의 재정립이 요구된다. 중앙집권 방식의 획일적인 교육행정은 자율성과 다양성을 제약하게 되며, 극단적인 경우 지방에서는 교육행정이 기술적인 효율성을 위하여 존재하게 된다. 따라서 향후 교육행정 체제는 과도한 중앙집권 체제를 지양하고, 권한 배분을 적정화하여 지역 및 단위학교의 특수성과 독자성이 충분히 반영되도록 해야 할 것이다.

현행 중앙교육 행정기관은 정책결정 기능을, 지방교육 행정조직은 경영 기술적 기능을, 그리고 일선학교조직은 운영 기능을 담당한다고 할 수 있다. 행정위계상으로 보아 ⅰ) 교육인적자원부는 우선 행정을 효율화할 수 있도록 방만한 조직을 개편하고 꼭 중앙에서 필요한 것만 관장하되 교육의 기본방향 설정을 비롯한 종합적인 인적자원개발 및 교육 정책 기획 · 조정 · 지원 기능을, ii) 시 · 도교육청은 현재의 집행 업무보다는 지역 인적자원 개발 및 지역 교육계획 수립 · 평가 기능을, iii) 시 · 군 · 구교육청은 지역 특수성을 반영한 제반 일선학교 교육활동 지원 기능이 위주가 되어야 할 것이다. 아울러 최대한 각급 일선학교 단위로 책임 운영될 수 있는 행정 여건이 조성되어야 할 것이다.

2) 교육요원의 전문화

교육행정기관 및 단위학교에서 자율성을 증대시키기 위해서는 교육요원의 전문성 신장이 선결요건이 될 것이다. 교육행정요원은 학교행정가(교장, 교감), 교육전문직(장학사, 연구사 등) 및 일반직 공무원으로 분류할 수 있으며, 이들 모두는 일선학교 교육활동을 뒷받침하는 교육행정업무를 수행하고 있다. 그리고 직접 일선학교에서 학생들을 가르치는 교사는 교육활동에서 핵심적 위치를 차지하고 있다. 따라서 교육요원이 담당업무를 자율적으로, 그리고 효율적으로 수행하기 위해서는 관련 업무에 대한 전문성이 필연적으로 요구된다. 전문성 신장을 위해서는 수행업무의 특성이 고려되어 교육요원이 선발되고, 선발된 요원에 대한 현직연수가 충실히 이루어져야 할 것이다.

교원이나 교육행정가의 전문적 지위와 권위를 확보하기 위해서는 임용 전단계에서부터 철저하게 교육하고, 이후에도 질적 통제를 강화하여 이들의 능력과 자질을 향상시키는 것이 필요하다. 특히, 우수한 교사 후보생과 교육행정가를 교육계에 유인, 양성, 자격부여, 임용 등에 이르게 하기까지 우수 교육요원 확보를 위한 제도적 장치가 합리적으로 마련되어야 하며, 이의 운영이 엄격하게 이루어져야 한다.

3) 단위학교 경영의 자율화

교육활동이 수행되는 일선학교에서의 자율적인 경영을 통하여 교육성과의 극대화를 기해야 한다. 단위학교가 조직으로서의 자율성을 회복하여 개성 있게 경영활동을 추진하고, 또한 개별 교원들은 자신의 전문적 자율성을 최대한 보장받아야 한다. 이를 위해서는 일선학교를 관료조직이 아니라 교수-학습중심의 전문조직으로 재조직하고, 교육행정의 과정에서도 학교교육과 교원을 도와주고 지원해 주는 봉사성이 강조되어야 할 것이다.

교육은 외부의 부당한 간섭이나 과도한 지시에 의해서는 그 목표를 달성할 수 없는 창의적인 활동이기 때문에, 학교장의 책임하에 자율적으로 계획 · 집행 · 평가되어야 할 것이다. 다만, 자율적인 책임경영은 학교행정가와 교원의 전문성과 책무성이 전제되어야 한다. 일선학교가 자율적이고 창의적인 교육활동을 수행하기 위해서는 최대한 행 · 재정 지원과 함께 그 행정행위도 보다 민주적인 방식으로 나가야 할 것이다. 따라서 획일적인 지시와 통제, 관리행정 위주의 지방교육행정 구조 등은 혁신되어야 할 것이다.

그리고 일선학교에서도 지역 및 학교교육 계획수립과 운영에 지역주민과 교직원의 보다 많은 참여가 이루어져야 할 것이다. 아울러, 일선학교조직에서 교사들이 제반 교육활동의 의사결정에 참여하고, 이들의 의사를 존중해 주는 풍토와 학교행정가가 민주적, 변혁지향적 지도성을 발휘하며, 행정적 권위보다는 전문적 권위를 우선시하는 학교문화가 정착되어야 할 것이다.

4) 안정적 교육 재정의 확보와 운영의 합리화

단위학교의 교육력을 강화하기 위해서는 교육 체제가 합리적으로 구축되어야 하며, 교육 내용과 방법이 대상집단과 사회적 필요에 적합하도록 결정되어야 한다. 또한 현안 교육문제를 해결하고 교육 발전을 위해서는 우선적으로 충분하고 안정적인 교육 재원의 확보와 이의 합리적인 배분과 운영이 이루어져야 한다. 개성이 무시되는 교육, 과열된 입시위주의 교육과 이로 인한 학부모의 사교육비 부담의 과중 등을 해소하기 위해서는 사교육비를 줄일 수 있는 획기적인 발상의 전환과 집중적인 교육투자가 확대되어야 할 것이다. 교육의 분권화에 따른 지방자치단체의 교육 재정 부담률을 제고함은 물론 민간의 교육투자를 적극적으로 유치하여 교육 재원의 다양화, 안정화를 기해야 할 것이다.

한편, 교육 재정 운영의 합리화를 위해서는 교육예산의 편성과 집행에 있어 단위학교의 자율성을 최대한 존중하여 각 기관의 실정과 특성에 맞는 학교예산제도의 정착이 필요하다. 그리고 학교예산회계제도를 합리화하여 학교경비가 교육활동에 밀착되어, 특히 교수-학습활동에 보다 효율적으로 사용될 수 있도록 해야 한다.

3. 단위학교 중심의 경영 체제 구축과 활성화

1) 학교 개혁에 대한 새로운 요구

우리나라의 교육 체제는 교육자치제, 학교단위 책임경영제, 학교운영위원회가 도입 · 실시됨으로써 학교구성원들의 자율과 참여 폭이 확대되었다. 그러나 아직도 개선할 부분이 많다. 그동안 우리나라 교육행정 체제는 일선 학교의 여건과 실정, 지역의 특수성이 충분히 반영되지 않은 채 교육정책이나 교육과정 정책이 운영되어 왔다. 그리고 학교장은 교사의 전문성을 함양하고, 교수활동을 지원 · 조장하는 역할을 수행하기보다는 행정적 권위를 행사함으로써 위계적이고 경직된 학교풍토를 가져온 면이 있었다. 그러나 요즈음은 이러한 풍토에 대한 반작용으로 교장의 권한이 지나치게 약화되어 단위학교를 책임 있게 경영하고 교사들에 대한 지도 및 장학활동을 하는 데 어려움이 있다는 지적도 제기되고 있다. 그 밖에도 학교 구성원들의 참여 부족, 지역사회와의 연계 부재 등으로 인해 학교조직은 비효율성을 낳고, 수월성을 확보하지 못하는 등 많은 문제점이 있다.

학교가 개혁되지 않고는 교육개혁은 성공하지 못하며, 교육개혁의 구상이 아무리 잘되어 있다 하더라도, 단위학교 책임경영이 되도록 여건이 조성되지 않고서는 성공을 기대하기 어렵다. 학교장의 지도성을 발휘할 수 있는 여건뿐만 아니라, 교사가 자발적으로 창조적인 교육을 해낼 수 있는 여건으로 변화되지 않는 한 그 개혁은 실패할 수밖에 없다.

효과적인 학교를 만들기 위한 학교단위 책임경영을 위해서는 학교단위 예산 편성, 학교단위 교육과정 운영, 학교단위 인사, 학교단위 장학 등에 대하여 단위학교의 의사결정이 가능해야 한다.

첫째, 학교경영의 최고 책임자인 교장이 학교 구성원을 통할하고 조직에 헌신하고 몰입할 수 있도록 영향력을 행사할 수 있는 힘이 약화되어 있다. 학교 경영 책임자인 교장의 인사권이 제한되어 있고, 학교 교육예산이 풍족하지 못하며, 인건비 등 경직성 경비가 큰 비중을 차지하고 있어 융통성 있는 학교 예산 운영이 곤란하다. 또한 단위학교의 교육과정을 자율적으로 편성 운영할 수 있는 자율적 결정 권한이 제한되어 있기 때문에 다양하고 창의적인 학교교육이 어렵다.

둘째, 교사들의 교육활동에 대한 권한 부여가 미흡하고, 교육의 결과에 대한 책무성을 요구하는 체제가 정착되어 있지 않으며, 학교교육 구조가 교사가 학생교육에 전념하고, 교육전문성을 발휘하기에 어려운 점이 많다.

셋째, 단위학교 중심의 경영 체제가 구축되기 위해서는 교육청, 지역사회 및 학부모의 적극적인 지원과 협조가 중요하다. 그러나 교육청의 단위학교 지원이 미흡하고, 단위학교 실정에 맞는 학교교육 공동체가 구축되어 있지 못하여 학교가 지역사회 및 학부모의 역량을 충분히 활용하지 못하고 있다.

그 밖에도 학교가 통제하거나 주도할 수 없는 많은 변화들이 단위학교 책임경영을 어렵게 하는 요인이 될 수 있다. 학교 체제를 둘러싸고 있는 대내외적인 영향을 학교단위에서 통제하거나 대처하기는 쉽지 않다. 학교는 교육 체제의 하위 체제이며, 교육 체제 또한 정치,

경제, 사회, 문화 체제의 하위 체제이므로 정치 사회적 변화, 국가 정책, 경제 여건의 변화에 영향을 받을 수밖에 없다. 그러나 학교교육의 성과를 높이기 위해서는 교육 체제가 자율적이고 주도적으로 이러한 문제점을 해소하여 단위학교 중심의 학교경영 체제를 구축하고, 이를 활성화하기 위한 노력을 경주하여야 할 것이다.

2) 학교단위 책임경영제 운영의 기본 방향

학교단위 책임경영제란 학교 공동체가 민주적인 의사 결정을 통하여 인사, 재정, 교육과정 및 장학을 주체적으로 기획, 운영, 평가하고 그 결과를 환류하면서 학교를 발전시켜 가는 체제라고 할 수 있다. 학교단위 책임경영을 실현하기 위한 기본 방향은 학교경영의 자율화를 통한 책무성 증대, 학교경영의 전문화를 통한 효율성 제고, 학교경영의 민주화를 통한 참여 제고라고 할 수 있다.

단위학교 중심의 경영 체제를 구축하고, 이를 활성화하기 위해서는 학교장, 교사, 학부모, 그리고 교육청의 새로운 역할이 요구된다. 단위학교 책임경영 체제하에서 교장은 보다 많은 권위와 책임, 책무성을 가져야 한다. 무엇보다 학교장은 목적 달성을 위하여 누구든지 함께 일할 수 있도록 충분한 영향력을 발휘할 수 있어야 한다. 요컨대, 교직원에게 권한을 부여하고, 구성원들로 하여금 학교 목적을 달성하기 위한 최대한의 노력을 다할 수 있도록 하는 방법을 발견해야 한다.

단위학교 책임경영 체제의 또 하나의 주된 요소는 교사의 권한 부여와 책무성이다. 교사는 학교에서 수업 프로그램을 계획, 개발하고 모니터하며 개선하는 일에 참여함으로써 주요 의사 결정에 영향을 미친다. 교사들 스스로 최선을 다할 수 있도록 권한을 부여받아야 한다. 또한 단위학교 책임경영제의 성공적 정착을 위해서는 교육청 및 지역사회의 지속적인 지원, 학교 공동체 구성원들 간의 신뢰와 협조 등이 필수적이다.

3) 단위학교 중심의 경영 체제 구축방안

지식정보화 사회에서 요구되는 민주적이고 창의적인 인재양성을 위해서는 단위학교 중심의 교육활동이 활성화되어야 한다. 이를 위해서는 단위학교 중심의 학교경영 체제가 구축되고 이를 지원하고 활성화하기 위한 방안이 마련되어야 한다.

(1) 학교단위 책임경영과 교장의 권한 강화

단위학교 중심의 경영 체제가 성공적으로 정착하기 위해서는 학교장의 역할이 중요하다. 교장은 학교경영의 책임자로서 학교경영의 모든 영역에 막중한 책무를 지니고 교육지도성을 발휘하여야 하는 최고 지도자라고 할 수 있다. 학교단위 책임경영이 가능하기 위해서는 1차적으로 학교경영의 책임을 맡고 있는 교장에게 단위학교를 책임지고 경영할 수 있는 권한이 부여되어야 하며, 권한에 비례하는 책임을 요구하여야 한다. 우선 단위학교 책임경영을 위해서는 교장의 교무 통할권, 인사권, 재정 운용권, 학생 교육권이 강화되어야 한다.

첫째, 최고 경영자로서의 교장에게 교무 통할권이 확보되어야 한다.

교무 통할권의 핵심은 단위학교 의사 결정 체제 확립, 예산 편성 및 재정 운용권의 확대, 학교경영 평가권이 강화되어야 한다는 것이다.

둘째, 교직원 지도 감독자로서의 교장에게 인사권이 강화되어야 한다. 현재 교장에게 주어진 인사권은 인사 내신권, 부장교사 임용, 담임교사 배정 등 매우 제한적이다. 학교장이 학교를 운영하기 위해서는 조직 구성원의 헌신과 협조를 이끌어낼 수 있는 힘이 필요하다. 학교장의 인사권이 제한되어 있기 때문에 교장이 학교를 책임 있게 운영하는 데 한계가 있을 수밖에 없다. 교장의 인사권을 확대하기 위해서는 교사 임용권, 학교경영 조직권, 근무성적 평정권 등이 강화되어 교장이 단위학교 구성원들의 조직 몰입과 헌신을 이끌어 낼 수 있어야 한다.

셋째, 학교교육 혁신자로서의 교장의 학생 교육권이 강화되어야 한다. 교장의 학생 교육권을 강화하기 위해서는 학교단위 기획제도를 강화하고, 단위학교 교육과정 편성 및 운영의 자율권을 확대하며, 교내 자율 장학을 강화함으로써 학교단위 장학제도를 정착시켜야 할 것이다.

교장에게 보다 많은 권한과 책무성을 부여하고, 학교 구성원인 교사, 학생, 학부모 등의 합의와 참여가 바탕이 되어 민주적으로 운영될 때 명실상부한 단위학교 중심의 책임경영이 가능한 것이다.

(2) 교사에 대한 권한 부여 및 책무성 제고

단위학교 책임경영 체제의 또 하나의 주된 요소는 교사에 대한 권한 부여와 책무성이다. 단위학교 중심의 책임경영이 가능하기 위해서는 1차적으로 교장에게 학교를 책임지고 경영할 수 있는 권한이 부여되어야 하지만, 이를 바탕으로 학교장은 교사들에게 학생교육에 대한 권한을 부여하고, 학교경영에 적극적으로 참여할 수 있는 기회를 제공함으로써 교육에 대한 권한과 책무를 공유하여야 한다. 즉, 참여 확대와 기회 개방에 따른 책임을 담당하고, 그 결과에 대한 책무성을 확인하자는 것이다. 민주적 학교경영은 단위학교 조직 구성원 각자 자기 선택에 대한 책임과 책무성을 짊어진다는 인식을 요구한다.

또한 교사가 교육활동에 전념할 수 있도록 소위 잡무를 감소시키고, 교사의 교육활동을 지원하는 보조인력 체제가 도입되어야 할 것이다. 초·중등교육현장에는 교수활동을 직접 담당하는 교사 외에 교육활동을 돕는 인력이 부족하여 학교경영활동을 유지하기 위해 교사들이 교수활동을 하면서 행정업무를 분담하고 있으므로 교수활동에 커다란 지장을 초래하고, 교사들의 불만도 가중되고 있다. 초·중등학교에도 교수매체 전문가, 사서교사, 보조교사, 행정인력 등을 확보하여 교사들이 교수활동에 전념하고 학교경영을 원활히 할 수 있도록 해야 할 것이다.

(3) 초·중등학교 교육구조의 개선

오늘날 우리의 학교교육이 당면하고 있는 가장 큰 문제 중의 하나는 정보화 사회에 대처할 수 있는 '다양성과 창의성을 가진 인간'을 어떻게 기를 수 있느냐에 달려 있다고 하겠다. 그러나 우리 초·중등교육의 현실은 전환하는 새로운 문명에 적응하고 이를 능동적으로 주도할 인간을 육성하기에는 많은 문제점을 내포하고 있다. 우리 교육은 그간 몇 차례의 제도적 개혁을 추진한 바 있다. 그러나 학교현장은 변하지 않았다. 규격화된 교실에 전문성 없이도 지도할 수 있는 교사가 과다한 학급당 학생 수를 대상으로 개성과 적성이 무시된 획일적 수업지도를 통하여 학교교육은 운영되고 있다. 초·중등교육의 질적 개선을 위한 장애요인으로 수업시수의 과다, 학습 자료의 빈곤, 교과서 중심의 강의식 수업, 과다한 학급규모, 빈약한 교육경비 등을 들 수 있다. 이러한 기본적인 문제 해결의 접근 없이 어떠한 교육개혁도 그 실천은 어려울 것이다.

지금까지 우리는 학교교육을 이야기할 때 학업성적에는 비교적 많은 관심을 가져 왔으나 학습의 주체인 학생들의 학습여건, 교원의 교수여건, 학교교육의 구조 등을 근본적으로 개선할 수 있는 방안 등에는 소극적인 자세를 보여 왔다. 지금까지 있어 온 교육혁신을 위한 노력이 실효를 거두지 못한 데에는 학교의 교육구조 개선, 교원교육의 전문성 제고, 교육자원의 효율적 활용 등의 고려 없이 형식적인 제도의 개혁만을 시도해왔기 때문이다.

현행 학교교육구도는 교실-교사-학생이다. 이러한 교육구도는 학생-교사-교실로 변화되어야 한다. 규격화된 교실에서 교사들의 일제식 수업에 학생들의 개성과 적성은 매몰되고 있다. 이를 학생들을 우선하는 교육운영으로 바꿔야 한다. 과거교육의 현대적 전환은 학교교육구조의 변화가 수반되지 않고서는 불가능하다. 우리의 초·중등교육이 발전하기 위해서는 근본적으로 교육구조의 변화가 있어야 한다. 현재의 교실 환경, 교육구조하에서 초·중등교육이 발전되기를 기대한다는 것은 무리다. 학교교육구조 개선을 위한 과제로는 학습 집단의 적정화, 다양한 학습 자료의 개발, 교과교실 수업제, 학년전임제 등을 들 수 있다.

(4) 교육청과 단위학교의 기능 및 역할 재정립

단위학교의 자율적인 경영 체제를 구축하기 위해 교육행정기관과 단위학교의 기능과 역할을 재정립해야 할 것이다. 거버넌스 관점에서 교육행정기관과 단위학교의 교육(행정)활동에 다양한 교육관련 집단의 참여와 더불어 지역여건과 학교특성을 고려한 맞춤행정을 위한 권한의 분권화가 실제적으로 이루어져야 한다. 이를 위해 지방교육행정조직은 단위학교 지원 체제로 바뀌어야 할 것이다. 즉, 중앙정부조직인 교육인적자원부는 국가전체 차원의 주요한 교육정책만 수립집행하고, 시 · 도교육청의 조직은 지역교육의 활성화를 위해 지역교육 정책개발과 지역인적자원개발 및 평가기능 중심으로 개편되어야 할 것이다. 그리고 단위학교의 교수 · 학습의 질 제고를 위해 실제적으로 도움이 될 수 있도록 지역교육청의 장학조직은 장학본래의 기능(컨설팅 기능)을 수행하기 위해서 현행의 계선조직 형태에서 막료조직(예컨대, 교수 · 학습지원센터)으로 재조직되어야 할 것이다. 아울러 단위학교가 독자적으로 교육시설, 재정, 인사, 교육과정 편성 · 운영 등을 해결하는 데는 한계가 있으므로 중앙정부, 지역 그리고 전문기관과의 네트워크를 형성해야 할 것이다.

(5) 학교교육 공동체의 구축과 학교운영위원회의 개선

지역사회에서 학교가 차지하는 비중이 과거보다는 많이 약화되었지만, 학교는 여전히 지역사회의 인적·물적 네트워크의 중심적 역할을 수행하고 있다. 또한 지역사회는 청소년들이 생활하는 공간이며 학교의 교육 환경을 구성한다. 따라서 학교가 지역사회와 우호적인 관계를 유지하고 지역사회의 역량을 활용하는 일은 학교의 효과적 운영을 위해서나 학교교육의 민주화를 위해 매우 중요한 과제가 되는 것이다. 이러한 사실은 학교가 지역사회의 공공기관으로서 이들과 적절한 의사소통을 도모하여 주민들의 필요와 요구에 근거해 학교경영의 목표와 계획을 수립해야 할 뿐만 아니라 교육성과의 면에서도 또한 이들의 기대를 충족시켜야 할 책무를 지니고 있음을 말해 준다. 그러므로 지역사회는 하나의 교실이요, 이들 역시 학교 밖의 교육자들임에 틀림없다.

따라서 학교교육 공동체의 구축은 효과적인 학교경영을 위한 중요한 과업이라 할 수 있다. 학부모, 지역사회 인사들의 적극적인 의견 수용과 참여자의 발의를 통한 의사소통은 학교 발전을 위한 공동체의 힘을 향상시킨다. 이러한 변화는 학교장과 교육 수요자가 공동으로 기획하고 실천하는 학교 공동체의 조직 문화로 탈바꿈하게 된다.

학교운영위원회는 학부모와 지역사회 인사 등의 학교운영 참여를 통하여 단위학교의 교육 자치를 활성화하고 지역의 실정과 특성에 맞는 다양한 교육을 창의적으로 실시하기 위한 목적으로 도입되었다는 점에서 매우 바람직하며, 나름대로 학교교육 공동체 형성에 크게 기여하여 왔다. 학교운영위원회는 법률, 시행령 및 조례(사립학교는 정관)에 근거하여 설치·운영되는 법정위원회이고, 법률과 시행령 및 조례에서 규정한 사항은 반드시 심의(국·공립학교)·자문(사립학교)을 거치도록 하고 있는 심의자문기구이며, 학교장은 당연직위원이지만 학교운영위원의 일원으로 참가하는 것이므로 학교운영위원회는 법적 성격상 학교장과 독립된 기구이면서, 법규에서 반드시 설치하도록 되어 있는 필수 기관이다.

그러나 학교운영위원회의 구성, 성격, 기능 및 학교장의 위상 등을 살펴볼 때 다소 개선할 점이 있다. 특히 학교장의 위상과 역할에 상충되는 부분이 있다. 현행법의 체계 안에서 학교장은 학교를 대표하고 업무를 총괄하는 자인 동시에 학교운영위원회의 당연직 위원으로서의 이중적 지위를 가진다. 이것은 근본적으로 학교운영위원회의 성격을 좀 더 분명히 정립하지 못하고 출발한 데에 그 원인이 있다. 학교운영위원회 조직의 성격에 대한 이론적인 검토가 필요하다.

학교운영위원회의 성격을 합의제집행기관으로 할 것인가, 독립된 의결기관으로 할 것인가, 단위학교의 최고 의결기구로 할 것인가, 학교경영의 최고 책임자의 의사결정을 보좌하는 심의 또는 자문기구로 할 것인가 등 다양하게 그 성격을 생각해 볼 수 있다. 그러나 현행 학교운영위원회는 그 조직성격이 모호하고 교육활동의 집행기관이라 할 수 있는 학교장이 일개 위원이면서 재의권을 갖는 등 그 역할과 위상이 모호하다. 또한 집행기관의 구성원인 교사가 위원으로 참여하는 문제도 그 위원회의 성격을 애매하게 만들고 있다. 학교운영위원회가 단위학교의 민주적, 효율적 운영을 위해 교사와 학부모, 지역사회 인사 등이 학교의 교육문제를 함께 논의하고 바람직한 방향을 협의하는 학교교육 공동체 조직의 하나로서 기능하기 위해서는 학교운영위원회의 성격과 학교장과의 위상 및 역학 관계를 재정립할 필요가 있다.

(6) 지역사회 및 학부모의 지원과 협조 체제 구축

단위학교 책임경영제의 성공적 정착을 위해서는 교육청 및 지역사회의 협조와 지원, 학부모의 학교경영에 대한 협조와 지지가 필수적으로 요청된다. 학교는 폐쇄 체제가 아니라 지역사회의 인적 · 물적 자원과 요구, 지지를 투입 받아 교육의 과정을 거쳐 보다 나은 산출물을 지역사회에 제공하고, 그 결과에 대한 피드백을 통하여 조직을 유지 발전시키는 개방 체제이다. 따라서 지역사회와 학부모의 협조와 지지는 학교의 발전을 위한 필수적인 요소이다.

과거에는 학교 운영에 있어서 학교 내에서 학생교육에만 전념하면 학교장의 역할은 제대로 다하는 것으로 인식하고 있었다. 그러나 사회가 복잡해지고 학부모 또한 다양해지고 학교교육에 대한 기대와 요구도 엄청나게 높아졌다. 학교를 둘러싼 학교 환경도 복잡해지고 학교와 관련된 민원도 폭주하였으며, 학교와 학부모의 자녀 교육에 대한 대립과 여러 가지 문제성 인식도 양적 · 질적으로 증가했다. 학교장은 학교경영과 관련하여 여러 가지 면에 있어서 지역사회와 밀접한 관련이 있고, 지역사회의 다양한 요구와 기대를 외면할 수는 없다. 학교교육 또한 가정과 사회의 교육적 요구와 제반 이해 당사자들의 교육 관련 문제를 수렴할 제도적 장치와 여건이 마련되어야 하지만 아직은 미흡한 것이 현실이다.

학교교육이 교육 수요자의 기대와 요청에 부응하며 지역사회의 기대, 필요와 변화 발전에도 적극적으로 동참하여 학교 또한 학교 교육에서 부족한 지역사회의 자원, 인사, 시설, 예산, 현장학습 장소 등 다방면에서 지역을 학교교육의 동반자로서 인식하고 유대를 강화하면서 지역 역량을 잘 활용할 때 학교와 지역사회, 집단 공동체, 각종 기관과 일체감을 가질 수 있고, 이렇게 상부상조함으로써 교육에 대한 이해를 높이고 학교 발전에도 크게 영향을 끼쳐, 학교의 교육적 기능이 원활해지고 단위학교 중심의 경영 체제를 구축하는 데 큰 도움을 받을 수 있을 것이다.

참고문헌

박종렬(2004). 신교육행정학 개론. 형설출판사.

서정화(1998). 주요국의 지방교육행정조직. 교육행정학연구, 16(3), 14-27.

윤종건(1997). 중앙교육행정 체제와 조직의 발전. 교육행정학연구, 15(1), 15-32.

임연기, 박삼철(2005). 교육행정 체제의 진단과 혁신: 충청남도를 중심으로. 공주대학교 교육연구소. 교육연구, 제19집, 97-124.

정영수 · 정일환(2006). 단위학교의 '통합적' 책임경영 모형. 한국교원교육학회. 2006년도 제2차 교원교육세미나. 137-209.

정일환(2005). 교육행정학의 탐구: 개념과 실제. 원미사.

정일환(2006). 지방교육행정 발전을 위한 혁신적 접근. 교육인적자원연수원. 2006 고급관리자과정 지방교육행정발전 세미나. 5-19.

정진환(1997). 지방교육행정 체제와 조직의 발전. 교육행정학연구, 15(1), 33-56.

정태범(2000). 학교교육의 구조적 개혁. 양서원.

주삼환(1997). 한국교육행정 체제와 조직의 발전. 교육행정학연구, 15(1), 4-14.

Crossley. M., & K. Watson. (2003). Comparative and international research in education: Globalization, context and difference. London: Routledge Falmer.

✻ 에필로그

교육 선진화를 꿈꾸며

비전은 어떤 개인이나 조직, 국가를 막론하고 구성원들의 열정을 이끌어내고 역량을 결집시킬 수 있는 지향점이라 할 수 있다. 우리 국민의 교육열과 잠재력을 극대화하려면 '교육한국'의 희망과 꿈을 보여주어야 한다.

이러한 교육의 비전은 현안 문제를 해결하는 동시에 선진 제국들의 교육 수준과 비견되고, 나아가 이를 넘어설 수 있는 지표가 설정되어야 한다. 여기에는 교육시스템 운용이나 프로그램 개발, 단위학교 운용 방식, 국가 교육 정책 방향 등 전체적인 면을 꿰뚫는 원칙 설정이 필요하다.

• 교육 운용의 원칙

앞으로 교육 운용에 있어서 학습자의 학습권을 최우선적으로 보장하고 자율성과 창의성을 바탕으로 다양성을 추구하는 가운데 교육 수요자 중심, 학생 · 학부모의 교육선택권을 확대하고 선의의 경쟁 논리를 가미하여 교육의 자생력을 강화함으로써 교육의 본질을 구현하는 동시에 세계화 · 개방화에 적극 대처함으로써 국가경쟁력을 강화하는 데 주안점을 두어야 할 것이다. 이러한 기조 아래 앞으로 지향해야 할 교육 발전의 과제를 몇 가지 제시하면 다음과 같다.

첫째, 무한경쟁사회에서 주도적인 역할을 수행할 수 있는 우수한 인력을 양성하고 개발하기 위해서는 보편성의 기조 위에 수월성이 추구되어야 한다. 말하자면 모든 사람이 자신의 잠재능력을 최대한 계발할 수 있도록 도와주는 동시에 교육적으로 불리한 위치에 있는 학생이나 지체부자유학생 또는 결손 가정의 학생들이 자신의 역경을 스스로 극복할 수 있는 장치를 마련하고 이를 뒷받침할 수 있어야 한다.

이를 위해 교육격차 해소 및 기회 균등을 실현하고 세계적인 수준의 질 높은 교육 실천에 집중적인 노력을 기울여야 할 것이다. 특히, 창의적 인재 육성을 위한 노력이 절실하게 요청되고 있다.

앨빈 토플러 박사는 정보통신 혁명의 뒤를 잇는 생명과학의 발전을 '제4의 물결'로 예견하면서 다양성에 입각한 창의적 학교교육의 필요성을 주장한다. '동질성을 강조하는 교육이 아닌 이질성을 강조하는 교육이 필요하다. 즉, 학생을 보다 개인으로서 대우하고 혁신성과 창조성을 키워 줘야 한다.'고 강조하고 있다.

둘째, 교육의 질 관리 체제를 확립해야 한다. 교육의 질 관리를 위해서는 학력 신장을 위한 체계적인 평가 체제를 정착시켜야 하며, 이를 위해 초·중등학교에서 주기적인 학력평가가 실시되어야 한다. 이와 관련하여 학교에 대한 시·도교육청과 지역교육청 평가 및 장학활동을 내실화하는 동시에 교육기관 운영에 대한 학생·학부모 등 주기적인 수요자 만족도 조사 및 모니터링 실시가 필요하다.

셋째, 학교교육 운영의 자율화 및 학교 체제의 다양화를 더욱 적극적으로 추구해야 한다. 다양한 교육프로그램을 개발 · 제공하고 공교육의 미흡한 측면들을 보완함으로써 학생의 잠재능력, 창의력 및 인성 함양에 주력해야 한다. 그리고 단위학교의 자율성의 폭을 더욱 확대하는 동시에 책무성 중심의 학교 운영으로 전환하고, 학부모 및 주민의 자발적 참여 기회를 확대해 나아가야 한다. 아울러 단위학교는 물론이고 시 · 도교육청 및 시 · 군교육청에서도 지역의 특수성을 살려 창의적이고 차별적인 교육 운영을 할 수 있도록 유도 · 촉진하는 정책을 펼쳐 나가야 한다.

넷째, 학급당 학생 수 감축을 비롯해서 교사 수 확충 등 교육 여건을 개선하기 위한 지속적인 노력을 기울여야 하며, 여기에 소요되는 필요한 재정 확충이 절실히 필요하다. 그동안 정부의 적극적인 노력으로 교육 재정이 계속 확대되었지만, 앞으로도 교육 재정을 더욱 확충하되, 최소한 GDP의 6% 수준을 확보함으로써 학급당 학생 수를 낮추고 교사의 수도 늘리는 등 OECD 수준으로 교육 여건을 개선해야 한다.

다섯째, 사립 중등학교는 본래의 설립 이념에 따라 운영될 수 있도록 단계적으로 자율성을 확대하며 정체성을 회복하도록 정책적, 법적 뒷받침이 필요하다. 그리하여 희망하는 사립학교는 학생 선발, 교육과정 운영과 등록금 책정도 자율적으로 할 수 있도록 해야 한다.

여섯째, 지역 · 학교 간 격차를 완화하고 교육격차 해소를 위한 교육프로그램과 시스템이 필요하다.

앞으로 저학력 학생들의 학업성취 수준을 끌어올리는 적극적인 노력과 함께 우수한 학생들에 대한 배려를 통해 학력의 격차를 해소하고 학력 수준을 높여야 할 필요성이 절실하다. 이를테면, 학력이 뒤처지는 학생들이 많은 지역과 학교에 대해서는 우수 교원을 배치한다든지 다양한 교육프로그램을 제공하는 동시에 경제적 지원 및 학교 운영의 자율 재량권을 확대하여 창의적인 학교 운영이 가능하도록 해야 한다.

주지하듯이 미국의 부시 대통령은 지난 2002년부터 '한 아이도 뒤처지지 않게(NCLB; No Child Left Behind)' 법안을 실천하고 있다. 이 법안에서는 학업성취에 관한 주(한국 시 · 도교육청에 해당)와 교육구(한국 지역교육청에 해당), 학교의 책무성을 강화하고 학교 평가를 통해 학교 간의 교육격차를 해소하는 데 중점을 두고 있다.

일곱째, 교원의 전문성 신장 및 직무의욕을 고취하는 데 주력해야 한다. 교원의 신규채용으로부터 교원의 평가, 교원연수, 승진제도, 보수제도 운영 등 교원 정책의 모든 영역에 걸쳐 전문성 확립을 위한 계획적인 노력을 기울여야 한다. 그리고 주기적인 교원연수를 강화하고 유능한 학교경영자를 확보할 수 있는 방안이 마련되어야 하며, 이를 위해서 학교행정가의 역할을 재정립하고 여기에 걸맞은 자질 및 자격요건을 설정하여, 유능한 학교경영자로서의 품성과 자질, 능력 등을 끊임없이 계발, 발전시켜 나가야 할 것이다. 특히, 합리적인 의사결정을 하는 능력뿐만 아니라 구성원들로 하여금 자긍심을 가지고 업무수행에 적극 나설 수 있도록 동기화시키는 기술과 함께 원만한 인간관계 형성 및 인화를 조성할 수 있는 능력이 필요하다. 아울러 학교 사무관리, 회계, 교육 관련법규 등 경영관리자로서의 전문적 식견과 지식 그리고 경험이 요청된다.

또한 교사의 공급 규모를 조정하여 지나친 예비교사의 과잉 배출을 방지해야 한다. 아울러 동기유발 방안 마련과 직무의욕 고취에 힘쓰면서 직무능력 부족 교원을 위한 연수를 강화하며, 연수 결과 및 석·박사학위 결과를 보수체계에 반영하는 등 다양한 보상체계를 확립할 필요가 있다.

그리고 교원단체의 활동 내용이나 방식에 있어서 새로운 패러다임 정립이 필요한데, 새로운 법적 뒷받침도 마련되도록 한다.

끝으로, 교육 관련 집단의 이해 상충 및 갈등 극복을 위한 교육적 합의가 필요하다. 교사를 비롯해서 행정직원, 지역주민 모두 최상의 학교교육 활동이 수행될 수 있도록 학습자의 학습권을 최우선으로 보장해야 한다.

• 교육의 발전과 혁신을 위한 전략

일찍이 토인비는 인간의 역사는 끊임없는 변화와 도전의 연속이었다고 말한 바 있다. 마찬가지로 교육의 역사도 변화와 혁신이 점철된 흐름이었다. 그러나 교육의 변화나 혁신, 또는 개혁이라는 용어에 대해 그다지 긍정적인 인식을 가지고 있지 않은 사람들도 많이 있다. 계속적으로 부담을 주고 잦은 변화로 인한 실증에도 그 원인이 있을 것이다. 하지만 교육활동 자체는 그 속성상 새로운 틀과 방식을 끊임없이 요구한다. 교육 내용이 폭발적으로 증가하여 이에 따른 교육 내용이나 방법이 달라져야 하고, 따라서 교원의 전문적 수준도 높아져야 하며 교육 지원시스템도 변화를 요청하기 때문이다. 그런 점에서 교육의 발전을 위해 앞으로도 교육개혁은 지속적으로 추구되어야 하며, 그 대상 영역은 교육 전반에 걸쳐야 한다.

그동안 교육의 질적인 향상을 위해 국가수준에서 뿐 아니라 시 · 도 교육청 수준, 또는 학교단위에서 여러 하위영역에 걸쳐 교육개혁 및 혁신활동이 수행되어 왔다. 이러한 혁신과 개혁의 사례들은 교육 목표, 교육 내용, 교수 방법, 교육 평가, 교원 정책, 학교 운영프로그램 운용, 교육시스템 개혁 등의 교육의 전 영역에 걸쳐 있다.

그러나 앞으로도 국가수준, 지역, 그리고 단위학교 수준에서 지속적인 교육개혁을 추진하되, 모든 분야에 걸친 망라적인 개혁 추진보다는 핵심 분야를 중심으로 개혁 또는 혁신과제를 개발하여 추진해야 할 것이다.

첫째, 단계적인 개선 노력이 필요하다. 사회가 발전되고 안정될수록 지나치게 혁명적인 조치는 부적절하다. 중국의 철학자인 리쩌허우의 말처럼 '역사는 혁명이 아닌 진화를 통해 발전해야 한다.'는 말을 음미할 필요가 있다. 이는 기본적으로 개혁에의 저항은 항상 있게 마련이고, 변화에 대해 개인이나 집단의 이해관계가 얽혀 있는 데다가 변화에 따른 충격의 폭이 커서 이를 수용하는 데 한계가 있을 수 있다. 또한 이미 뿌리를 내리고 있는 제도는 장점이 많기도 하므로 이를 잘 살려나갈 필요가 있다. 따라서 교육에 있어서 새로운 개혁을 시도할 때는 깊이 있는 연구와 충분한 논의를 토대로 시범을 하는 등 단계적으로 접근할 필요가 있다.

둘째, 제도 운영을 비롯한 구조의 개혁이 필요하지만 교육의 질적 수준 향상에 초점을 두되, 관련 구성원들의 합의가 절실하다. 이를 위해서는 교육 관련 집단은 물론 학부모, 국민, 언론 등 교육개혁 의제나 구체적인 과제에 대한 공감대 확산 및 합의가 요청되고 있다. 그리고 일방적인 하향식 개혁보다는 현장성 높은 개혁이 필요하다. 또 정책 결정 과정에 교육 주체들과 관련 집단들의 참여 기회를 확대하고 대화의 장을 활성화함으로써 충분한 공감대 형성이 이루어져야 한다. 이러한 노력의 일환으로 교육관련 집단과 관련 주체들 간에 충분한 토론과 공감대 확산 노력을 인내성 있게 추진해야 할 것이다.

셋째, 성공적인 교육개혁의 추진을 위해서는 정권 차원을 떠나 일관성 있는 노력을 기울여야 하고, 이를 위해서는 무엇보다도 교육의 주체인 교원들이 주도적으로 교육개혁 추진에 나설 수 있도록 하는 분위기 조성이 필요하다.

그동안 정부 주도 아래 교육개혁을 추진해 왔고 많은 성과를 거둔 것이 사실이지만 문제점도 없지 않았다. 앞으로는 지역과 학교단위에서 창의적이고 차별화된 교육개혁이 추진되도록 촉발되어야 한다. 이는 시 · 도 및 지역교육청과 단위학교의 자율성 신장과 책무성 확립 그리고 제반 행정, 재정적 뒷받침이 전제되어야 가능하다. 아울러 단위학교 경영 개혁을 위한 교육 여건 조성 등 기본 인프라가 구축되어야 한다.

넷째, 학교 차원에서 교육 혁신이 창안되고 적용되기 위해서는 학교경영자와 교사들의 확고한 교육관, 의지, 신념, 소신과 제한적이기는 하지만 교사와 학교경영자의 관심과 의지 그리고 지도성, 나아가 교육행정가들의 지원 능력 여하에 따라 교육 혁신, 개선의 여지는 많이 있다고 본다. 교원들의 열정과 헌신을 토대로 학부모의 이해와 협조가 있어야 할 뿐 아니라 혁신의 수행을 위한 행 · 재정적인 지원이 계속되어야 한다.

끝으로, 단위학교의 교육 혁신이나 국가수준의 교육개혁 추진도 교육의 질을 높이는 데 초점이 맞춰져야 할 것이다. 이런 점에서 교육 혁신은 주체가 되는 교원과 변화 촉진자로서 학교경영자 그리고 교육전문직 및 교육행정가의 배전의 노력이 요청된다. 여기에는 교육에 대한 비전과 포용적이며 개방적인 자세, 긍정적이고도 미래 지향적인 시각, 또한 열정과 헌신이 필요하다.

대표저자 소개

■ 이군현

• 학력

1983년 미국 캔자스주립대학교 교육행정학 박사
1980년 미국 캔자스주립대학교 교육행정학 석사
1977년 중앙대학교 사범대 영어교육학과 졸업
1971년 대경상업고등학교 졸업
1967년 고입검정고시 합격
1964년 서울안산초등학교 졸업

• 교육경력

[2003~현 재] 중앙대학교 교육대학원 교수(휴직)
[1984~2003] 한국과학기술원(KAIST) 인문사회과학부 교수
[1983~1984] 한국교육개발원(KEDI) 교육정책연구실장
[1978~1979] 서울 장훈고 교사
[1977~1978] 마산 제일여중 교사

• 주요경력

[2004~현재] 제17대 국회의원
한나라당 원내부대표(현)
국회 운영위원회 위원(현)
국회 교육위원회 위원(현)
국회 교육위원회 대학경쟁력강화대책소위원회 위원장(현)
국회 교육위원회 간사(전)
한나라당 제5정책조정위원장(전)
[2001~2004] 한국교원단체총연합회(KFTA) 회장
[2001~2003] 대통령직속 교육인적자원정책위원회 위원
[2004~현재] 국회 청소년 사랑실천을 위한 의원포럼 대표의원
[2005~현재] 한국영재학회 회장

※ 대표저자에 대한 자세한 내용은
이군현 의원의 홈페이지(www.leekh.or.kr)를 참조하세요.

공동저자 소개 (가나다순)

김병찬 교수 (경희대)
김용호 박사 (대한사립중고등학교장회)
박경빈 교수 (경원대)
박원희 교수 (단국대)
배호순 교수 (서울여대)
서정화 교수 (홍익대)
유위준 교수 (한국교원대)
윤점룡 교수 (한국재활복지대학)
이원영 교수 (중앙대)
정일환 교수 (대구 가톨릭대)
최돈민 교수 (상지대)
최준렬 교수 (우석대)

교육 선진화를 꿈꾸며

2007년 6월 25일 1판 1쇄 인쇄
2007년 6월 28일 1판 1쇄 발행

지은이 • 이군현 외 공저
펴낸이 • 김진환
펴낸곳 • 학지사
121-837 서울특별시 마포구 서교동 352-29 마인드월드빌딩 5층
대표전화 • 02)326-1500 / 팩스 02)324-2345
홈페이지 • http://www.hakjisa.co.kr
등　　록 • 1992년 2월 19일 제1-1329호

ISBN 978-89-5891-487-7 93370

정가 15,000원